»MEINE GANZE SEELE
HÄNGT AN DIESER GEGEND.«

Adalbert Stifter

KILIAN SCHÖNBERGER
AXEL GOMILLE

GRENZENLOSE
WILDNIS

NATIONALPARK BAYERISCHER WALD

UNGEZÄHMTE NATUR IM HERZEN EUROPAS

FREDERKING & THALER

Für meinen Bruder Korbinian
KS

INHALT

Vorwort von Dr. Franz Leibl   8

Ein Festtag für die Natur   12
50 Jahre Nationalpark Bayerischer Wald

FRÜHLING   19

Naturerwachen   20
Das Grün kehrt zurück

DER LUCHS   36
Heimlicher Grenzgänger

Die Schachten   40
Grüne Inseln der Hochlagen

DAS AUERHUHN   46
Lebenskünstler in rauer Umgebung

Im Filz   50
Die Welt der Hochmoore

DER BIBER   60
Ein Nager beißt sich durch

Jeder Tagesanbruch ist magisch, aber ein derartiges Lichtspektakel ist auch im Bayerischen Wald außergewöhnlich.

EIN FESTTAG FÜR DIE NATUR

50 Jahre Nationalpark Bayerischer Wald

Deutschlands erster Nationalpark feiert einen runden Geburtstag: 50 Jahre Nationalpark Bayerischer Wald. Eine ganz besondere Gelegenheit für einen kurzen Überblick.

Mehr als 24 000 Hektar Waldnatur sind mittlerweile im Nationalpark an der deutsch-tschechischen Grenze geschützt. Vom Falkensteingebiet bis zum Siebensteinkopf bei Finsterau reicht die Nationalparkfläche und von 600 Höhenmetern in den niedrigsten Talbereichen bis hinauf zum 1453 Meter hohen Gipfel des Großen Rachels. Der Bayerische Wald ist – der Name verrät es – vor allem ein Wald-Nationalpark, doch darin gibt es auch ausgedehnte Moorflächen, Blockhalden und Hochweiden.

War das Gebiet bis zum Fall des Eisernen Vorhangs 1989 durch die Randlage im geteilten Europa gekennzeichnet, entsteht hier heute zusammen mit dem tschechischen Nationalpark Šumava ein grenzübergreifendes mitteleuropäisches Wildnisgebiet, das auch als »grünes Dach Europas« bezeichnet wird.

Die Nationalparkidee ist noch 100 Jahre älter als der Nationalpark Bayerischer Wald, der 1872 gegründete Yellowstone National Park in den USA war der erste seiner Art. Ein Nationalpark soll kein Museum der Natur zu einem bestimmten Zeitpunkt sein, sondern dem Schutz der natürlichen Prozesse dienen, um in Zukunft wieder wildnisähnliche Natur zu erhalten. Sukzession statt Stillstand. So ist ein Nationalpark immer auch ein Versprechen an das Morgen. Für diese Schutzziele gibt es international gültige Richtlinien und Zertifizierungen, jeweils abgestimmt auf die Art des Ökosystems, das geschützt werden soll.

Den Nationalpark Bayerischer Wald haben in den vergangenen 50 Jahren wohl mehrere Generationen Urlauber, Naturschützer, Wanderer und Waldfreunde besucht. Viel hat sich in diesen Jahrzehnten verändert. Es gab Erweiterungen, scheinbare Rückschläge – die aber neue Chancen brachten – und immer wieder auch Erfolge bei Schutzbemühungen für bedrohte Arten. Aus menschlicher Sicht scheint ein halbes Jahrhundert ein langer Zeitraum zu sein, aber die natürlichen Prozesse, die diesen Wald zur Wildnis von morgen werden lassen, laufen auf ganz anderen Skalen ab. Das ist eine der wichtigsten Aufgaben des Nationalparks bis zum heutigen Tag: zu vermitteln, dass sich Natur nicht an von Menschen erdachte Zeit- oder Maßeinheiten und Vorschriften hält, sondern ihre ganz eigene schöpferische Dynamik entwickelt, deren Ergebnis uns oft überrascht. Und uns zugleich mit der Zuversicht erfüllt, dass es eine sehr gute Idee war, als vor 50 Jahren beschlossen wurde, im Bayerischen Wald die Natur einfach Natur sein zu lassen.

WILDNIS ÜBER STAATSGRENZEN HINWEG

Am 11. Juni 1969 war es schließlich so weit. Der Bayerische Landtag sprach sich einstimmig für die Gründung eines Nationalparks im Bayerischen Wald aus. Ein Jahr darauf, am 7. Oktober 1970, wurde er als erster seiner Art in Deutschland von Staatsminister Hans Eisenmann eröffnet. In den folgenden Jahrzehnten wurden immer wieder Einrichtungen auf den modernsten Stand gebracht oder Organisationsstrukturen optimiert.

Ein wichtiges Ereignis war am 20. März 1991, keine zwei Jahre nach dem Fall des Eisernen Vorhangs, die Gründung des »Zwillingsbruders« Nationalpark Šumava auf der tschechischen Seite der Grenze. Ein

Der Baumwipfelpfad mit seinem 42 Meter hohen »Holzei« ist eine barrierefreie Attraktion, die auf 1300 Meter Länge den Wald für Besucher ganz nah heranrückt.

Zwischen Racheldiensthütte und Rachelsee wandert man durch schönen Buchenwald. Dazwischen stehen uralte Tannen, die Zahl der Fichten aber wurde durch den Borkenkäfer reduziert. ▽▽

erster Schritt zu einem großräumigen Schutz der einmaligen Landschaft im Grenzgebiet war somit gemacht. Auch der Nationalpark Bayerischer Wald wurde vergrößert. Am 1. August 1997 beschloss der Bayerische Landtag die Erweiterung um das Gebiet zwischen Großem Rachel und Großem Falkenstein, die Fläche des Parks wuchs damit auf 24 250 Hektar an. Zum 50. Geburtstag steht möglicherweise erneut eine Erweiterung um zusätzliche 600 Hektar im Raum.

Im Kerngebiet darf sich die Natur nun auf 17 513 Hektar frei entfalten. Mittelfristig soll zusammen mit dem Nationalpark Šumava eine grenzüberschreitende Wildnis entstehen, die einer Tier- und Pflanzenwelt mit hoher Biodiversität eine Zukunft bietet. Neben den »Aushängeschildern« wie Luchs, Wolf, Fischotter, Auerhahn oder Habichtskauz gehören auch viele Klein- und Kleinstlebewesen dazu, darunter seltene Pilze und Käferarten, die nur in urwaldähnlichen Waldgebieten vorkommen.

ERKLÄREN UND ERFORSCHEN

Ein Nationalpark kann aber nur funktionieren, wenn die Besucher und ebenso die Bewohner der umliegenden Gemeinden die Möglichkeit haben, sich zu informieren. Daher kommt auch der Jugend- und Erwachsenenbildung eine bedeutende Aufgabe zu. Denn nur wer die Natur kennt, wird sie achten.

Etwas unterschätzt bleibt manchmal die wissenschaftliche Arbeit, die hier geleistet wird. Dabei gibt es verschiedene dauerhafte und temporäre Forschungsstellen und Messstationen, und wer regelmäßig im Nationalpark unterwegs ist, wird früher oder später auf Forscher bei ihren Untersuchungen treffen. Neben der wissenschaftlichen Grundlage der Parkkonzeption stehen auch aktuelle Entwicklungen im Mittelpunkt, wie der Klimawandel, das Raubtiermonitoring, Biodiversität und der Einfluss des Menschen auf das Ökosystem Wald.

Aber Nationalpark heißt immer auch, dass der Mensch dazu eingeladen ist, die wilde Natur besser kennenzulernen. In den vergangenen Jahrzehnten ist der Nationalpark Bayerischer Wald zu einem Besuchermagneten geworden. Zentrale Anziehungspunkte bilden die Nationalparkzentren Lusen bei Neuschönau und Falkenstein bei Ludwigsthal, mit Gehegezone und großem Informationsangebot. Wie gelegentliche Radiomeldungen von überfüllten Parkplätzen erahnen lassen, erfreuen sich auch einige Wanderklassiker wie der Lusengipfel großer Beliebtheit. In sensiblen Bereichen ist daher auch eine Besucherlenkung notwendig, und so können auf Störungen empfindlich reagierende Orte, beispielsweise die Brutplätze von seltenen Vögeln wie Wanderfalke oder Auerhahn, temporär aus dem Wegenetz herausgenommen werden. Bei solchen Einschränkungen werden Ver- und Gebote möglichst offen kommuniziert, um bei den Besuchern Verständnis für die Leitziele des Nationalparks, aber auch entsprechend angepasstes Verhalten zu wecken. Dabei spielt auch die Instandhaltung und Beschilderung der Wander- und Radwege – mehrere Hundert Kilometer – eine große Rolle.

Durch neue Attraktionen wie den Baumwipfelpfad, das Nationalparkzentrum am Falkenstein, das neue Elchgehege und viele andere große und kleine Umgestaltungen wird der Nationalpark in seiner Konzeption an die sich stets ändernden Anforderungen angepasst.

Die ersten 50 Jahre waren eine schöne und große Erfolgsgeschichte. Mögen noch viele weitere runde Geburtstage folgen – auf dem Weg zur großen Wildnis im Herzen Europas.

Dieses Buch zeigt den derzeitigen Status Quo und versteht sich als Einladung zu einer Reise durch die vier Jahreszeiten im Nationalpark. Vom Naturerwachen des Frühlings über gewittrige Sommertage bis hin zum Farbenrausch des Herbstes spannt sich ein Bilderbogen, der mit dem eisigen Griff des Winters endet. Durch die großformatigen Aufnahmen kann auch in spezielle Naturräume wie Moore oder Urwaldrelikt eingetaucht werden. Neben den Impressionen aus dem Nationalpark gibt es auch immer wieder Blicke ins Umland des Schutzgebiets und über die Grenze hinweg in den Šumava Nationalpark der tschechischen Nachbarn. Denn unsere Wildnis von morgen soll grenzenlos sein. Alles Gute, Nationalpark Bayerischer Wald!

SOMMER 65

Wochen voller Leben 66
Der Wald von seiner milden Seite

DER HABICHTSKAUZ 82
Die seltenste Eulenart Deutschlands

Der Borkenkäfer 86
Kleines Tier mit riesiger Wirkung

HERBST 99

Im Farbenrausch 100
Vergängliche Schönheit

DER WOLF 114
Rückkehr einer Legende

Im Urwald 118
Auf der Suche nach dem Wald von einst

DER ROTHIRSCH 132
König ohne Reich

WINTER 137

Im eisigen Griff 138
Erstarrte Landschaften

Die Zeit der Raunächte und Sagen 152
Rauhwuggerl und der Dammer mim Hammer

HISTORIE UND KLIMA 165

Ein Wald mit vielen Namen 166
Kurze Geschichte einer Grenzregion

Blockmeere und Karseen 172
Geologische Betrachtungen

Klima im Wandel 176
Extreme Wetterbedingungen

Informationen 186
Übersichtskarte 187
Register 188
Die Autoren 189
Impressum 192

Stets das Ziel vor Augen: Zwischen Markfleckl und Lusen durch die Wildnis von morgen. Vom Nationalpark reicht der Blick weit über das Kuppenmeer im Böhmerwald hinweg. ▽▽

VORWORT

Als vor nunmehr 50 Jahren der Nationalpark Bayerischer Wald gegründet wurde, waren seine Ziele und Aufgaben noch unausgesprochen, und die Entwicklung seiner Waldnatur war nicht absehbar.

Erst mit dem Sommersturm von 1983 konkretisierte sich seine Grundausrichtung. Denn mit dem Belassen von Windwürfen bekannten sich Politik und Nationalparkverantwortliche zu dem Prinzip »Natur Natur sein lassen«. Seit dieser Zeit entwickeln sich die Wälder des Nationalparks Bayerischer Wald ohne Hinzutun des Menschen, ausschließlich nach den Gesetzen der Natur. Dies geschieht heute auf einer Fläche von etwa 17 500 Hektar. Die dabei entstehenden wilden Wälder weisen bereits in den frühen Stadien ihrer Entwicklung Merkmale von Urwäldern auf, was sich anhand der Totholzvorräte, der heterogenen Waldstruktur und dem Auftreten von Urwaldreliktarten belegen lässt.

Es wundert daher nicht, dass sich der Nationalpark Bayerischer Wald zu einem Hotspot vielfältiger Waldarten entwickelt hat. Naturwissenschaftler konnten zwischenzeitlich fast 11 000 verschiedene Tier-, Pflanzen- und Pilzarten bestimmen. Weitere werden folgen. Die ökologische Qualität dieses Gebirges manifestiert sich dabei insbesondere durch das Auftreten von seltenen Arten, die eine naturbelassene Umgebung brauchen, sogenannte »Naturnähezeiger«, sowie Urwaldreliktarten. Waldarten also, die in unseren Wirtschaftsforsten keinen Lebensraum finden. In der Waldwildnis hingegen zu finden sind beispielsweise seltenste Pilzarten wie die Zitronengelbe Tramete, der Heidelbeerkammpilz oder der duftende Feuerschwamm. Bei den totholzbewohnenden Käfern sind es Lebensraumspezialisten wie Zottenbock oder Rindenschrötter.

Das Nationalpark-Konzept »Natur Natur sein lassen« wird heute mehrheitlich positiv gesehen. Der Nationalpark Bayerischer Wald ist das bekannteste Großschutzgebiet in Deutschland, das 2019 von gut 1,4 Millionen Gästen besucht wurde. Dabei sind es vor allem Aspekte wie Ruhe und Erholung sowie das besondere Naturerleben, die die wilden Wälder bieten und die Menschen veranlassen, in der Nationalparkregion Urlaub zu machen.

Durch die Förderung einer solchen naturverträglichen Nutzung, die der Erholung der Menschen dient, wurde der Nationalpark zum regionalökonomischen Schwergewicht und zum Motor der Tourismusentwicklung im Inneren Bayerischen Wald.

In der Zusammenschau betrachtet waren 50 Jahre Nationalpark Bayerischer Wald folglich ein großer Gewinn für die Natur und gleichermaßen für die Menschen dieser Region.

Franz Leibl

Dr. Franz Leibl
Leiter der Nationalparkverwaltung Bayerischer Wald

Zwischen Totholz wächst eine neue Waldgeneration heran. Nach langem Winter befreit der Frühling die jungen Fichten von meterhohem Schnee. Ebenso die Kleine Ohe, die jetzt in kleinen Kaskaden dem Tal entgegenspringt.

Auch wenn der Frühling den Winter noch jedes Jahr aus dem »Woid« vertrieben hat, so sind hier noch im Mai Wintereinbrüche möglich. ▽▽

NATURERWACHEN

Das Grün kehrt zurück

Der Bergfrühling im Bayerischen Wald ist vorsichtig. Während sich in anderen Regionen Deutschlands die Landschaft binnen Tagen verwandelt, dauert der Frühlingseinzug bis in die Hochlagen des Gebirges deutlich länger. Blühen an der Donau bereits im März Leberblümchen und Märzenbecher, so herrscht dort oben noch tiefster Winter. Kein Wunder, bei 1000 Meter Höhenunterschied.

Der mürrische Winter räumt nicht ohne Widerstand das Feld, bis Mai ist jederzeit ein Kälteeinbruch möglich. In den Hochtälern gibt es eigentlich in jedem Monat Bodenfrost, was eine größere Zahl von Pflanzenarten an der Besiedlung dieser Lebensräume hindert. Aber selbst wenn an der Nordostseite von Arber, Rachel und Lusen noch meterdicke Überreste von Schneewechten an die kalte Jahreszeit erinnern, kann doch der Frühling nie vollständig aufgehalten werden, und der Schnee schwindet. Schnell, wenn es viel regnet, bei anhaltender Trockenheit zumindest in den Schattenbereichen nur sehr langsam. Für manch einen Waidler ist die Suche nach den letzten Schneeresten ein regelrechter Sport. Bis in den Juni hinein hält sich hier und da ein schmutzigweißer Fleck zwischen Felsen und unter Bäumen.

RAUSCHENDE BÄCHE UND ERSTE BLUMEN

Aber die Südhänge des Waldgebirges erreicht die Wärme recht bald, und die geschlossene Schneedecke wird zunehmend aper. Auf den abgetauten Stellen zeigt sich zuerst die Pestwurz und dann auch schon bald der Huflattich. Das Schmelzwasser lässt die Bäche anschwellen, und aus dem fröhlichen Glucksen von Kleiner und Großer Ohe und all den anderen Waldbächen wird ein wildes Donnern und Rauschen. Dies war früher auch die bevorzugte Zeit, um das geschlagene Holz aus dem Wald über Triftkanäle und Flüsschen hin zur Donau zu transportieren. Kleine Stauseen im Wald, Klausen genannt, erinnern an jene Zeit, in der sich das Angesicht des Waldes durch den Zugriff des Menschen für immer veränderte.

Nach einiger Zeit nehmen die Wasserfluten ab, bei den Buchen zeigt sich das erste Grün an den Spitzen der Knospen. In feuchten Tälern findet man jetzt ein Charakteristikum des Bayerischen Waldes: die Wald-Soldanelle (auch Berg-Troddelblume genannt), ein bläulicher Edelstein im ansonsten noch braungrauen Bergwald. Das wunderschöne Blümchen trägt kurz nach der Schneeschmelze drei bis zehn

Kampfzone Bergwald: Am Großalmeyerschloss zeigen sich an einer alten Buche einige grüne Triebe, andere Knospen sind in einer Frostnacht erfroren. Äste und Zweige sind von Flechten überwuchert. ◁
Wo der Wald in offenes Kulturland übergeht, finden sich rund um die Höfe große Obstbäume. ▷

bläuliche Blütenglöckchen mit fransigem Rand. Seine bevorzugten Standorte sind humusreiche, bodensaure Fichtenwälder, gern in der Nähe von fließendem Wasser. Die Rückkehr des Lebens schreitet unaufhaltsam weiter voran, die Buchen entfalten ihre Blätter, soweit sie nicht vom Spätfrost zurückgeworfen werden, und am Boden zeigt sich das frische Grün von Farn, Bärlapp und anderen Waldpflanzen.

Auch die Tierwelt wird wieder geweckt, die Zeit der Winterruhe ist vorbei, und ein hektisches Treiben beginnt. Es wird geworben und gebrütet, gezwitschert und gequakt. Frösche, Kröten und Molche zeigen sich in kleinsten Wasserstellen, Spechte klopfen emsig das Totholz nach Nahrung ab. Hier und da blüht auch noch ein alter, von Wind und Wetter gezeichneter Obstbaum an einem Waidlerhaus. Die Wochen ziehen ins Land, und wenn schließlich auch die zerzausten Ebereschen auf dem Lusengipfel ihre gefiederten Blätter ausbreiten, hat der Frühling den Winter endlich besiegt.

WANDERN AN DER KLEINEN OHE

Jetzt laden besonders die Bäche im und um den Nationalpark zu Wanderungen ein. Ein Klassiker ist die Tour entlang der Kleinen Ohe, ausgehend vom Parkplatz Fredenbrücke beim Ort Waldhäuser. Als wäre er übermütig, so hüpft der Bach über Kaskaden ins Tal. Rundliche, von Moos bedeckte Granitblöcke begleiten seinen Lauf, und dort, wo sie das Wasser in enge Rinnen oder zu einem Schwall über eine Felsstufe zwingen, verändert sich die Melodie des rauschenden Wassers.

Eine Wasseramsel fliegt knapp über der Oberfläche, um kurz darauf einzutauchen oder am Bachbett nach Nahrung zu suchen. Im Blätterdach der Buchen oberhalb herrscht ebenfalls reges und lautstarkes Treiben, manchmal gibt es offenbar Zwist zwischen Nachbarn um einen Nistplatz oder weil die Abstandsregeln nicht eingehalten wurden. Auch der Kuckuck ist zu hören. Ein seltsamer Vogel: Legt seine Eier in fremde Nester und lässt seinen Nachwuchs von anderen Vogeleltern füttern, die teils nur halb so groß sind wie das Kuckucksküken. Aber trotz dieses rüpelhaften Benehmens ist es erfreulich, seinen markanten Ruf im Frühjahr wieder häufiger zu hören.

Das äußere Erscheinungsbild eines Bachlaufs wird vom Gestein beeinflusst. In den steilen Felsfluchten des Falkensteinmassivs springen die Bäche über Gneisriegel, die Oberflächen sind hier weniger stark abgerundet als in den Tälern am Lusen. Mit dem Höllbachgspreng und den Steinbachfällen gibt es am Großen Falkenstein ansehnliche Wasserfälle, deren Fallhöhen deutlich größer sind als die Granitkaskaden der Kleinen Ohe.

Nicht nur Menschen wandern am Bachlauf, auch Fischotter und Biber orientieren sich an den Fließgewässern. In fast jeder Klause im Nationalpark sind inzwischen wieder Biber zu Hause, wie die frischen

Nagespuren an stehenden und gefällten Bäumen zeigen, ebenso die aus Ästen aufgeschichteten Biberburgen oder die mit Holzdämmen angestauten Bäche. Diese Baumeister gestalten die Landschaft entlang der Gewässer um. Im gestauten Wasser stehende Bäume sterben ab, und die Dämme werden im Lauf der Zeit von Pflanzen wie der Brunnenkresse besiedelt.

Nach der langen Stille des Winters erfüllt der Frühling den Bayerischen Wald wieder mit neuem Leben. Es summt, brummt, blüht und zwitschert in allen Winkeln der Natur. Es ist Balzzeit. An verschwiegenen Orten geben sich heute noch die Birkhähne ein Stelldichein, um die Hennen zu beeindrucken. Im höher werdenden Gras auf Lichtungen und Wiesen erleben Rehkitze die ersten Tage ihres Lebens. Wachsam beobachten die Elterntiere die Umgebung, denn es droht immer wieder Gefahr. Luchse haben sich im Nationalpark etabliert, und der Wolf ist ebenfalls zurückgekehrt.

AUFBRUCHSSTIMMUNG DER WILDEN NATUR

Vom nahen Oberpfälzer Wald aus besetzen Wildkatzen neue Reviere. Alles Tiere, deren angestammte Heimat auch die Wälder des Bayerischen Waldes sind. Mit Rückkehrern und Neuankömmlingen wird sich im Lauf der nächsten Jahrzehnte eine neues Gleichgewicht einstellen. Jetzt gerade erleben wir mit den zurückkommenden Arten eine spannende Aufbruchsstimmung, sozusagen Frühlingsgefühle in der wilden Natur.

Während im Winter oft nur die abgestorbenen Altfichten aus dem meterhohen Schnee ragen, zeigt sich im Frühling, wie zahlreich junge Fichten inzwischen nachwachsen. △
Das abwechslungsreiche Frühlingswetter überrascht häufig auch Fotografen. So war auch dieser fantastische Himmel über dem Lusen an jenem Morgen gar nicht eingeplant. ▷
Junge Fichten haben auf einem der Felsen des Siebensteinkopfs Wurzeln geschlagen. Wie lang sie wohl auf diesem exponierten Standort den Elementen trotzen können? ▽▽

Zwischen abgestorbenen Bäumen wachsen junge Fichten auf, eine Eberesche treibt aus, und dazwischen findet sich auch die eine oder andere Birke in einer Höhenlage von 1200 Metern.

Ein immerwährendes Werden und Vergehen. Dotterblumen verzieren die Rinnsale des Bayerischen Waldes im Frühling mit leuchtend gelben Farbklecksen.

Die Wald-Soldanelle, auch Berg-Troddelblume genannt, ist eine typische Frühlingsbotin. Kurz nach der Schneeschmelze finden sich die zarten Glöckchen an feuchten Standorten in den Bergfichtenwäldern. △
Im Frühjahr blüht die Brunnenkresse auf dem Biberdamm an der Knottenbachklause und zaubert einen lebendigen Rahmen für das Spiegelbild des Waldes im Wasser. ◁
Die 1860 erbaute Reschbachklause liegt auf 1130 Metern und diente als Wasserreservoir für die Holztrift. Mit 0,8 Hektar Fläche ist sie das größte dieser Klausen genannten Staubecken im Bayerischen Wald. ▽▽

DER LUCHS

HEIMLICHER GRENZGÄNGER

Luchse verfügen über außerordentlich gute Sinne. Die Augen sind im Verhältnis zum Körper groß und zudem sehr lichtempfindlich, sodass sie auch nachts gut sehen können. Das Hörvermögen ist ausgezeichnet. Beide Sinnesleistungen spielen eine wichtige Rolle bei der Jagd. Die Tiere bewegen sich meist langsam durch ihr Revier und beobachten die Umgebung gern von exponierten Punkten, die ihnen eine gute Übersicht bieten.

Große Wälder mit vielen Verstecken und reichlich Wild – solche Lebensräume schätzen Luchse. Kein Wunder also, dass sich unsere größte heimische Raubkatze lange im Bayerischen Wald halten konnte. Da sie nahezu in ganz Europa als Jagdkonkurrent und vermeintlicher Räuber von Nutztieren verfolgt wurde, brachen ihre Bestände in den vergangenen 500 Jahren zusammen. Im Bayerischen Wald wurde der letzte bekannte Luchs erst 1846 geschossen – doch sein Lebensraum war noch vorhanden.

Kurz nach der Gründung des Nationalparks gab es in den 1970er- und 1980er-Jahren mehrere Versuche, die Tiere wieder anzusiedeln. Seitdem erobern sie ihren alten Lebensraum langsam zurück. Nach dem Fall des Eisernen Vorhangs 1989 wurden die Grenzanlagen zwischen Deutschland und der damaligen Tschechoslowakei rasch entfernt, dies begünstigte einen Austausch zwischen Luchsen aus Bayern, Österreich und ihren Artgenossen im benachbarten Šumava-Nationalpark. Durch die grenzüberschreitenden Wälder wechseln sie hin und her im größten zusammenhängenden Waldschutzgebiet Mitteleuropas. Der gesamte Bestand im Dreiländereck umfasst etwa 100 bis 150 erwachsene Luchse plus Jungtiere, die Dichte in den Nationalparks hat sich in den letzten zehn Jahren von einem auf etwa zwei Luchse pro 100 Quadratkilometer verdoppelt. Eine positive Entwicklung, die zeigt, wie groß die Bedeutung von Schutzgebieten für ihre Population ist.

Aber außerhalb von Schutzzonen haben Luchse leider in Teilen der Bevölkerung noch immer ein Akzeptanzproblem, obwohl sie für Menschen keinerlei Gefahr darstellen und auch Nutztieren nur ganz selten gefährlich werden. Ihre Hauptbeute in Mitteleuropa sind Rehe – doch manche Jäger scheinen den Katzen nicht ihren Anteil am Wild zu gönnen, und immer wieder werden Luchse illegal getötet. Dies verlangsamt ihre Ausbreitung. Noch immer ist mehr Lebensraum vorhanden, als die Tiere bisher zurückerobert haben.

Dennoch ist die Bilanz insgesamt positiv. Für viele Menschen ist der Luchs inzwischen ein Gütesiegel und lebendiger Beweis dafür, wie wild und ursprünglich die Wälder des Nationalparks Bayerischer Wald sind. Wo die Raubkatze lebt, ist ein Teil des einstigen Ökosystems wiederhergestellt. Daher ist die Rückkehr der Luchse ein Meilenstein für den Artenschutz.

Luchse sind Einzelgänger und jagen, indem sie lauern und sich an ihre Beute anpirschen, um sie dann mit einem Überraschungsangriff zu überwältigen. Dazu benötigen sie große Reviere und strukturreiche Wälder, wie sie der Nationalpark Bayerischer Wald bietet.
In freier Natur lassen sich die scheuen Tiere nur ganz selten beobachten. Daher bestehen in den Freigehegen des Nationalparks die besten Chancen, sie zu Gesicht zu bekommen.

Die Schachten werden seit einigen Jahren vom Roten Höhenvieh beweidet, einer alten, robusten Rinderrasse, die vor noch zwei Jahrzehnten auszusterben drohte und inzwischen wieder gezüchtet wird. ◁
Auf dem Kohlschachten zeugen uralte Buchen und Bergahorne, unter denen das Vieh Schutz und Schatten fand, von der Weidewirtschaft in den Hochlagen. ▷

DIE SCHACHTEN

Grüne Inseln der Hochlagen

Was die Almen für die Alpen, sind die Schachten für den Bayerischen Wald: Hochweiden, auf die früher die Bauern der Umgebung das Vieh trieben. Dabei handelte es sich um Jungvieh und Ochsen, Milchkühe blieben in den Tälern. Der Name wird von »Schacht« hergeleitet, der Bezeichnung für einen lichten Laubwald, in den das Vieh zum Weiden getrieben wurde. Wobei bemerkenswert ist, dass dieses Wort auch im Bayerischen Wald nur in einem relativ kleinen Gebiet vorkommt, vom Arber bis ins Umfeld des Rachels; zwar gibt es auch am Dreisessel Hinweise auf Waldweiden, aber ohne die konkrete Bezeichnung »Schachten«.

Der Ruckowitzschachten war im Bayerischen Wald der erste, ab 1613 weideten hier Rinder. Für die Schachten wurde Wald in den Hochlagen gerodet, die entstandenen Wiesenflächen verlangten nach Pflege, Baumwuchs musste verhindert werden. Die Hirten verstreuten die Kuhfladen zur gleichmäßigen Düngung über den Wiesen. Eine Herde umfasste bis zu 80 Tiere unterschiedlicher Provenienz, meist teilten sich ein, zwei Dörfer einen Schachten. Ab dem 19. Jahrhundert nahm die Zahl der Tiere kontinuierlich ab, im heutigen Nationalparkgebiet wurde im Jahr 1963 zum letzten Mal Vieh auf eine Waldweide geführt. Einer der Gründe war die Ablösung der zähen Schachtenochsen durch motorisierte Landmaschinen im Arbeitseinsatz auf den Höfen. Im Bereich des Arbers dagegen werden bis zum heutigen Tag im Sommer Rinder auf den Schachten gehalten. Und auch im Nationalpark Bayerischer Wald gibt es neue Impulse, doch davon später.

GANZ BESONDERE ORTE

Von den Weideflächen auf den Talgründen unterscheiden sich die Schachten durch ihre Lage, man findet sie zwischen 950 und 1200 Meter Höhe. Schon immer wurden sie gern als »grüne Inseln« bezeichnet, denn früher zeichneten sich die Grasflächen im dunklen Meer der Bergfichtenwälder ab. Aber diese sind in den Hochlagen durch Stürme und Borkenkäferbefall extrem geschrumpft. Heute sind die meisten Schachten im Nationalpark tatsächlich grüne Inseln mit meist intakter Waldstruktur an den Rändern und einer Mischung aus Jungfichten und abgestorbenen Altbäumen auf den ehemaligen Waldflächen. In den niedriger gelegenen Bereichen gehen sie in einen Fichten-Tannen-Buchenwald über. Dem Wanderer, der sich zuvor nicht mit der

Auf einigen Schachten finden sich Flächen von Seegras. Die Halme bilden Stukturen und Muster, die an erstarrte grüne Wellen erinnern. ◁
Im Winter liegt Stille über dem Zauberreich der Schachten, nur wenige Naturfreunde nehmen den beschwerlichen Weg mit Schneeschuhen auf sich. ▷

Sukzession der Bergwälder nach Borkenkäferbefall beschäftigt hat, kommen daher die Schachten heute vielleicht tatsächlich als lebendig grüne Oasen vor.

Schachten sind aber weit mehr als einfache Wiesen im Bergwald, denn sie gehören zu den ganz besonderen Orten im Nationalpark. Zunächst gewähren viele von ihnen schöne Blicke auf den ein oder anderen Berg, gerade der Arber und der Doppelgipfel des Rachels ziehen die Blicke auf sich. Aber auch die Wiesenareale selbst sind besonders, denn auf vielen hat sich ein uralter Bestand aus Buchen und Bergahörnern erhalten. Jene vereinzelt stehenden Bäume, unter denen die Weidetiere bei Regen und Sonnenhitze Schutz fanden. Oft handelt es sich um mehrhundertjährige Exemplare, knorrig, von Wind und Wetter gezeichnet und von Flechten überzogen. Manch ein Baum-Methusalem wurde gar zur fotografischen Bildmarke des Nationalparks. Doch leider geht auch an ihnen die Zeit nicht spurlos vorüber, und jeder Winter bringt Verluste. Mal stürzt nur ein starker Ast, aber dann bricht auch wieder ein ganzer Baum in sich zusammen. Die offenen Flächen werden von Gras und Blaubeersträuchern bedeckt. Auf einigen Schachten findet man kleinere Felsblöcke, auf anderen die Überreste von Hirtenhütten. Hier und da steht ein kleines Holzhäuschen auch noch intakt am Rand einer der grünen Inseln. Besonders markant ist das Schachtenhaus, ein in seiner Schlichtheit faszinierendes Böhmerwaldhaus mit Walmdach, das in aller Einsamkeit auf 1150 Meter Höhe inmitten einer kleinen Wiese steht – als hätte jemand die Zeit angehalten.

Tatsächlich wären die Schachten beinahe verschwunden, nach der letzten Beweidung 1963 war die erste Idee, die Flächen aufzuforsten. Aber in der Bevölkerung gab es Impulse, sie freizuhalten, und so konnten diese hochgelegenen Waldwiesen als Denkmäler der historischen Kulturlandschaft bis in die heutige Zeit bewahrt werden. Allerdings ist die ursprüngliche Fläche von über 200 Hektar auf heute 85 Hektar geschrumpft. Auch der Nationalpark führt ihre Pflege fort, obwohl er sich eigentlich die Rückkehr der Wildnis auf die Fahnen geschrieben hat.

Die Schachten wurden im Lauf der Zeit zu beliebten Wanderzielen, ihre Namen lassen Kenner des Nationalparks Bayerischer Wald hellhörig werden. Zum Beispiel Ruckowitzschachten und Albrechtschachten am Falkenstein, Rindlschachten und Jährlingsschachten am Scheuereck. Das Schachtenhaus. Der Lindbergschachten oberhalb von Buchenau. Kohlschachten, Hochschachten, Almschachten und Verlorener Schachten oberhalb der Trinkwassertalsperre Frauenau und die Rachelwiese zwischen den Rachelgipfeln. Und es gibt noch einige mehr, dazu zählen auch der Tummelplatz oder der Kirchlinger Stand im Gebiet östlich des Lusens.

DIE RINDER KOMMEN ZURÜCK

In den Namen der Hochweiden schwingt auch die Erinnerung an die vergangene Zeit mit. Aber sie ist gar nicht völlig vergangen, denn die Rinder sind auf einige von ihnen zurückgekehrt. Seit 2014 leben im Falkensteingebiet wieder Kühe auf dem Ruckowitzschachten. Bei der Suche nach einer Rasse, die das Klima in den Hochlagen ver-

trägt, stieß man auf das Rote Höhenvieh, mit dem man unter anderem beim Rotviehprojekt in Tännesberg (dem oberpfälzischen Heimatort des Fotografen) gute Erfahrungen gemacht hatte. Es ist eine genügsame Allzweck-Rinderrasse, die noch in den 90er-Jahren des vergangenen Jahrhunderts vor dem Aussterben stand. Aus Restbeständen in Hessen, Nordrhein-Westfalen und Tschechien entstand in Tännesberg eine neue Zucht eines robusten Tieres, das auch sehr gut für die ganzjährige Freilandhaltung im Rahmen von Naturschutzprojekten geeignet ist. Mit zweistelligen Minustemperaturen kommen die Rinder wunderbar zurecht, und durch das dichte Unterfell sind sie gut vor Regen geschützt. Mit zwölf Tieren wurde in Tännesberg begonnen, inzwischen gibt es mehrere Hundert Exemplare des Roten Höhenviehs. Früher waren ähnliche Mittelgebirgsrassen in Mitteleuropa weit verbreitet, der Gasthofname »Zum roten Ochsen« erinnert in manch einem Ort noch heute daran. Die Robustheit verhalf dem Rotvieh zum Job als Landschaftspfleger im Nationalpark Bayerischer Wald. Auf dem Ruckowitzschachten wurde eine Fläche von sechs Hektar abgezäunt, und mit sechs Tieren begann 2014 die neue Beweidung. Dabei wurden die Auswirkungen auf und die Veränderungen an der Vegetation begleitend wissenschaftlich erfasst. So kehrten nach einer Pause von 51 Jahren die Rinder auf die Schachten zurück.

TRAUMHAFTE WANDERZIELE

Seit 2018 wird auch ein Teil des Hochschachtens wieder beweidet. Dadurch erhofft man sich unter anderem den Erhalt und die Förderung der Biodiversität der Borstgrasrasen auf den Schachten. Außerdem möchte man ein Zurückdrängen des Baumbewuchses und die Zunahme von seltenen Pflanzen wie der Arnika erreichen. Und die Kuhfladen könnten als Kinderstube für bestimmte Insekten eine arterhaltende Rolle spielen. Mit dem Roten Höhenvieh wurde auf den Schachten ein Stück Kulturgeschichte im Bayerischen Wald wieder lebendig. Doch ganz unabhängig von aller Historie und Ökologie: Die herbe Schönheit der Hochweiden entfaltet zu jeder Jahreszeit ihren ganz eigenen Zauber und lädt zu ausgedehnten Wanderungen ein.

»BÄUME SIND GEDICHTE,
DIE DIE ERDE IN DEN
HIMMEL SCHREIBT.«

Khalil Gibran

Dämmerung und Sichelmond. Die melancholische
Schönheit des Bayerischen Waldes zeigt sich an
wenigen Orten so intensiv wie auf den Schachten.

DAS AUERHUHN

LEBENSKÜNSTLER IN RAUER UMGEBUNG

Das Auerhuhn ist der größte Hühnervogel Europas. Hähne können eine Länge von einem Meter erreichen und bis zu bis zu fünf Kilo wiegen. Sie zeichnen sich durch eine auffällige rote Hautpartie um die Augen aus. Üblicherweise sind die Vögel scheu und vorsichtig, in der Gehegezone des Bayerischen Waldes lassen sie sich jedoch auf kurze Distanz erleben.

Auerhühner kamen in Deutschland noch nie häufig vor, denn ihr Verbreitungsschwerpunkt liegt in den weiten Nadelwäldern, die sich von Nordeuropa bis Zentralasien erstrecken. Sie sind Spezialisten, die mit Kälte und einem kargen Nahrungsangebot zurechtkommen. In Deutschland existieren nur kleine Vorkommen im Alpenraum und in einigen Mittelgebirgen. Auch im Bayerischen Wald gingen die Bestände zurück und erreichten im Jahr 1982 ihren Tiefststand mit etwa 20 Exemplaren. Die Population der letzten Wildvögel wurde daher vorübergehend von 1985 bis 2000 durch die Auswilderung von nachgezüchteten Tieren gestützt.

Mittlerweile liegt der Fokus darauf, die Lebensbedingungen für Auerhühner zu verbessern, etwa durch ein Wegegebot, denn sie sind sehr anfällig für Störungen. Im Winterhalbjahr, wenn die Nahrung knapp ist, müssen die Vögel mit ihren Kräften haushalten. Werden sie von Menschen aufgeschreckt, verlieren sie jedes Mal wertvolle Energie und können bei häufigen Störungen an Erschöpfung sterben. Während der Jungenaufzucht wiederum ist es entscheidend, dass die Hennen nicht von ihren Küken getrennt werden, die völlig schutzlos sind. Daher dürfen im Nationalpark Lebensräume, die für diese Vögel besonders wichtig sind, zwischen 15. November und 15. Juli nur auf markierten Wanderwegen betreten werden.

Wie viele andere Wildtiere besiedeln Auerhühner sowohl den Bayerischen Wald als auch den angrenzenden Šumava-Nationalpark. Mittlerweile konnten wieder gut 600 von ihnen in der Region nachgewiesen werden – eine stabile Population. Etwa zwei Drittel der Vögel leben in den beiden Nationalparks, der Rest in angrenzenden Flächen.

An ihren Lebensraum haben Auerhühner hohe Ansprüche, die sich im Jahresverlauf ändern. So ernähren sich die Küken überwiegend von Ameisen und deren Larven – eine proteinreiche Kost, mit der sie schnell wachsen. Die Altvögel fressen gern Knospen, im Sommer machen Heidelbeeren einen wichtigen Bestandteil der Ernährung aus, und Fichtennadeln dienen oft als Winternahrung. Diese vielfältigen Anforderungen an den Lebensraum erfüllen vor allem junge Wälder, die sich nach Windwürfen und dem Befall mit Borkenkäfern entwickeln. Ein Wald mit natürlicher Dynamik, wie sie der Nationalpark im Gegensatz zu Wirtschaftswäldern bietet, ist für den Bestand der Auerhühner daher besonders wichtig.

Auerhühner sind auf reich strukturierte, offene Nadelwälder als Lebensraum angewiesen, wie sie der Nationalpark Bayerischer Wald bietet. Dort liegen auch die Balzplätze der Vögel. Während der Balz präsentieren sich die Hähne mit aufgestelltem Gefieder und hochgerecktem Hals. Unterstützt von charakteristischem Gesang, versuchen sie Hennen zu beeindrucken und Rivalen zu vertreiben. Aufgrund ihres veränderten Hormonspiegels können die Hähne dann auch gegenüber Menschen distanzlos und aggressiv sein.

Wollgras verziert mit seinen fedrig-weißen Samenständen im Frühjahr die Moorlandschaften. ◁
Nur ein schmaler Bohlenpfad führt durch das Zwieselter Filz und schützt die empfindliche Vegetation vor Trittschäden. ▷

IM FILZ

Die Welt der Hochmoore

Das grenzüberschreitende Mittelgebirge des Bayer- und Böhmerwaldes weist besonders östlich des Hauptkamms weite Moorflächen in Höhenlagen oberhalb von 1000 Metern auf. Der tschechische Šumava-Nationalpark hat daher auch einen größeren Anteil an diesen Mooren als der Bayerische Wald. Dennoch gibt es auch auf bayerischer Seite Naturschätze unter den Moorflächen. Die bekanntesten Hochmoore hier sind das Zwieselter Filz und das Latschenfilz, Filz ist eine alte bairische Bezeichnung für Moore, die sich vom Alpenrand bis hin zum Bayerischen Wald findet.

Die Hochmoore werden in zwei unterschiedliche Typen eingeteilt: In die Talhochmoore in Lagen unterhalb von 800 Metern und in die Höhenhochmoore oberhalb davon. Zur letzteren Kategorie gehört der Hoch-

moorkomplex nördlich der Rachelgipfel, 45 Hektar groß und auf circa 1150 Meter Höhe. Das Zwieselter Filz und das Latschenfilz bilden dort Sattelhochmoore von nationalem Rang, die sich, vergleichbar einem Bergpass, in einer Eintiefung zwischen zwei Bergkuppen befinden und so auch von den Seiten zusätzlich Wasserzufluss erhalten. Daneben existieren auf bayerischer Seite noch verschiedene kleinere Moorflächen. Auf böhmischer Seite setzt sich der Moorkomplex in deutlich größerer Ausdehnung fort und gestaltet so einen einzigartigen Naturraum. Die beiden Hochmoore im Bayerischen Wald können von Besuchern auf einem Bohlenweg erlebt werden, der dabei hilft, in dieses geheimnisvolle Reich einzutauchen. Besucherlenkung ist wegen der empfindlichen Moorvegetation essenziell wichtig.

ERSTAUNLICH ALTE LEBENSRÄUME

Hochmoore sind mineralsalzarme, durchnässte und saure Ökosysteme, in denen nur Arten überleben, die an diesen extremen Lebensraum angepasst sind. Dazu gehören auch sogenannte »fleischfressende« Pflanzen wie der Sonnentau, auf den Filzen des Bayerwaldes kommt der Mittlere und Rundblättrige Sonnentau vor. Durch die Trockenlegung weiterer Moorareale in den vergangenen Jahrhunderten sind viele dieser Spezialisten heute vom Aussterben bedroht.

Ein »wachsendes«, intaktes Moor braucht das ganze Jahr hindurch hohe Niederschläge, damit der Torfkörper ausreichend nass bleibt. Im Lauf der Jahrtausende kann sich das Zentrum von Hochmooren über den umliegenden Grundwasserspiegel aufwölben, sodass es nur noch von Niederschlagswasser feucht gehalten wird. Diese Aufwölbung entsteht durch das Wachstum von Torfmoos und der damit verbundenen

Das Finsterauer Filz wurde renaturiert und könnte noch 2020 ein Teil des Nationalparks werden. Eine einzelne mächtige Tanne zieht hier die Aufmerksamkeit auf sich.

Zunahme von Schichten aus abgestorbenem Torfmoos darunter, woraus unter Luftabschluss der Torfkörper eines Hochmoors entsteht. Mit jeder Vegetationsperiode wird so eine neue Schicht abgelagert, und das Zentrum des Moores wächst langsam in die Höhe. Die Zuwachsrate entspricht aber nur einem Millimeter pro Jahr, insofern wäre ein vier Meter dicker Torfkörper bereits 4000 Jahre alt.

Die Hochmoore in Norddeutschland und im Alpenvorland haben ihren Charakter durch Torfabbau weitgehend verloren. In den Hochlagen des Bayerischen Waldes findet man dagegen noch intakte Moorflächen, wenngleich auch die Dimensionen deutlich geringer sind. Die Moore in Mitteleuropa sind bis zu 11 000 Jahre alt und entstanden mit dem Ende der letzten Eiszeit.

MOORE ALS KLIMASCHÜTZER

In den vergangenen Jahren geriet eine besondere Eigenschaft von Mooren immer mehr in den Mittelpunkt des öffentlichen Interesses: Die positive Stoffbilanz – das heißt, es wird mehr organisches Material abgelagert, als durch Zersetzung abgebaut wird – unterscheidet sie von vielen anderen Ökosystemen. Ist ein entsprechender Wasserüberschuss vorhanden, so bleibt ein intaktes Moor »lebendig« und wächst ständig weiter, was mit einer fortwährenden Ablagerung von Torf verbunden ist. Der Torfkörper wird, wenn er nicht mit Luft in Berührung kommt, nicht weiter zersetzt und bildet so einen wichtigen Speicher für den in den Pflanzenbestandteilen enthaltenen Stick- und Kohlenstoff. Durch diese Speicherfähigkeit senken Moore die Konzentration von klimaschädlichen Gasen wie Kohlendioxid in der Luft. Gleichzeitig besiegelte diese Eigenschaft auch oft ihr Schicksal, denn die Torflager in vielen Hochmooren Europas wurden und werden großflächig als Blumenerde und früher als Heizmaterial abgebaut. Zum Glück hat dieses Schicksal die Moore in den Hochlagen des Bayerischen Waldes nicht getroffen.

Für das globale Klima spielen also Moore eine wichtige Rolle als Kohlenstoffsenker, aber sie üben auch großen Einfluss auf das Klima vor Ort aus. Die Tag- und Nachttemperaturen liegen hier weiter auseinander als im Umland. In klaren Nächten strahlt die gering bewachsene Oberfläche von Mooren besonders stark aus, sodass die Temperaturen extrem absinken können. Die Minusrekorde für das bayerisch-böhmische Grenzland wurden alle in Moorregionen gemessen: Temperaturen unter –30 °C sind hier im Winter keine Seltenheit, und auch im Sommer ist eigentlich in jedem Monat mit Bodenfrost zu rechnen.

Während also die Oberfläche eines Moores schnell auskühlt, verhält sich sein Torfkörper anders. Durch die anhaltende Nässe reagiert er sehr träge auf sich verändernde Temperaturen. Nach strengen Wintern taut durchgefrorener Torf nur sehr langsam auf, gleichzeitig wird die Wärme des Sommers bis weit in den Herbst gespeichert. Die Oberfläche der Hochmoore dagegen zeigt einen ausgeprägten tageszeitlichen Temperaturverlauf, kühlt nachts aus und heizt sich tagsüber stark auf, manchmal auf 50 °C und mehr.

AUF BOHLEN DURCHS FILZ

Die beiden Filze nördlich des Rachels sind jeweils etwas über 20 Hektar groß, liegen zwischen 1110 bis 1170 Meter hoch und können auf einem Bohlenweg, der den trittempfindlichen Torfkörper schont, durchquert werden. Weite Bereiche hier sind von Latschen bedeckt, einige Mooraugen links und recht des Holzpfades gewähren Einblicke in diese besondere Lebenswelt. Rings um diese Kolke, die mit Wasser gefüllten Vertiefungen, wachsen auf den Lebensraum Moor spezialisierte Pflanzen wie Schneidiges Wollgras (oder Scheiden-Wollgras), Sonnentau oder Moosbeere. Das Zwieselter Filz ist besonders schön aufgewölbt, während das Latschenfilz mit dem sogenannten Latschensee (auch Kohlweiher genannt) den größten Moorsee des Bayerischen Waldes aufweist (ca. 35 mal 45 Meter). Die Moorseen im Šumava-Nationalpark haben teils deutlich größere Ausmaße.

Latschenkiefern dringen am weitesten in das Zentrum der Filze vor, Fichten kommen mit dem Standort weniger zurecht. Manch ein Fichtenzwerg am Rand der Filze mag schon Jahrzehnte alt sein und ist kaum höher als die ihn umgebenden Gräser.

Neben diesen Mooren in den Hochlagen gibt es im Nationalpark Bayerischer Wald auch noch solche in niedrigeren Regionen, die Bezeichnungen Filzwald, Großer Filz und Klosterfilz entlang der Nationalparkstraße verweisen darauf. Dabei handelt es sich um sogenannte Schwingrasen- und Übergangsmoore. Die Flächen hier wurden stärker vom Menschen beeinflusst als jene der Hochlagen. Durch Entwässerung des Torfkörpers versuchte man, das Zentrum der Filze mit Fichten aufzuforsten – der innere Bereich des Moors wäre von Natur aus baumfrei oder von wenig ertragreichen Latschenkiefern bedeckt. Auch gibt es ausgedehnte Spuren von historischen Goldwaschplätzen entlang der Großen Ohe, die diese Filze durchfließt. Durch die Anstauung der Entwässerungsgräben versucht man heute, die Reaktivierung des Moorkörpers zu fördern.

Am Rand der Filze wächst ein sogenannter Aufichtenwald, dessen Altbäume inzwischen auch vom Borkenkäfer dezimiert wurden. Durch die Staunässe des Bodens bilden die Fichten sehr flache Wurzelteller aus, was sie entsprechend anfällig für Stürme macht. Dieses sogenannte Windwurfholz ist wiederum eine begehrte Kinderstube des Borkenkäfers. Bereits 1986 wurde eine lokale Vermehrung des Baumschädlings im Bereich des Großen Filz festgestellt. Die Totholzflächen im Umfeld der Filze werden von Birken und Faulbäumen besiedelt, aber auch junge Fichten zeigen sich zwischen den gefallenen Altbäumen.

An manchen Stellen bilden Moospolster regelrechte Miniaturlandschaften. Solche Standorte sind extrem trittempfindlich, und Besucher sollten unbedingt auf den Wegen bleiben. △

Großer Filz und Klosterfilz bei St. Oswald-Riedlhütte bilden zusammen den größten Moorkomplex des Bayerischen Waldes. Die Moorlandschaft, durchflossen von der Großen Ohe, liegt unterhalb von 800 Metern und gehört damit zu den niedrigen Teilen des Nationalparks. ◁

Die Fichten, die am Rand von Großem Filz und Klosterfilz natürlich vorkommen, bilden wegen der Staunässe im Boden nur flache Wurzelteller aus. Nach Stürmen stürzen sie um, zur Freude der Borkenkäfer. Heute entsteht zwischen dem verfaulenden Totholz neuer Aufichtenwald.

Im Zentrum der Filze finden sich dagegen Latschenfelder. Die Latsche oder Legföhre ist eine niedrige Form der Bergkiefer. Auf dem instabilen torfigen Untergrund würden höhere Bäume schnell den Stürmen zum Opfer fallen.

Im Zwieselter Filz gibt es eine Reihe von Mooraugen, auch Kolke genannt. Am Rand wachsen Wollgras und Sonnentau. ▽▽

DER BIBER

EIN NAGER BEISST SICH DURCH

Biber sind in der Lage, auch Bäume mit dicken Stämmen zu fällen. Solche Nagespuren sind ein sicheres Zeichen für ihre Anwesenheit.
Wild lebende Biber, wie hier ein Alttier mit Jungem, lassen sich nur selten beobachten. Die Ausmaße der Tiere überraschen daher viele Menschen. Biber sind die größten Nagetiere Europas, im Durchschnitt werden sie 120 Zentimeter lang und 25 bis 30 Kilo schwer.

Nach Bibern suchte man im Nationalpark Bayerischer Wald lange Zeit vergeblich. Dabei waren die großen Nager in Deutschland und Europa einst weit verbreitet. Der Mensch verfolgte sie jedoch gleich aus mehreren Gründen: Ihr dichter Pelz brachte viel Geld ein, ebenso wie eine Substanz, das sogenannte Bibergeil, dem heilende Wirkung nachgesagt wurde. Zudem erklärte die Kirche den Biber wegen seines schuppigen Schwanzes und seiner aquatischen Lebensweise zum Fisch – dadurch wurde er zu einer beliebten Fastenspeise. All das ließ die Bestände zusammenbrechen. Schließlich besiegelte Lebensraumzerstörung das Ende der Biber. In Bayern waren sie etwa um 1850 verschwunden, und in ganz Deutschland hatte nur ein kleiner Restbestand im Bereich der mittleren Elbe überlebt.

Jahrzehnte später, in den 1960er-Jahren, gipfelte ein Imagewandel schließlich in dem Versuch, Biber erneut anzusiedeln. Inzwischen sind die Tiere wieder in weiten Teilen Bayerns anzutreffen, so auch im Nationalpark Bayerischer Wald. Im Jahr 2004 wurde das erste Revier am Kolbersbach nahe Lindberg bestätigt. Seitdem breiten sich die Nager weiter aus, inzwischen sind im Gebiet des Nationalparks 27 Bibereviere bekannt. Da lichte Flussufer im Bayerischen Wald selten sind, besiedeln die Biber auch Gebirgstäler. Dort fällen sie nicht nur Laubbäume, sondern auch Tannen. Bisher haben sie sich im Nationalpark in eine Höhe von 1100 Metern vorgewagt.

Vor allem ihre Spuren sind kaum zu übersehen, denn Biber gestalten die Landschaft. Sie fällen Bäume, um an Nahrung und Baumaterial zu kommen. Wo es nötig ist, regulieren sie mit Dämmen den Wasserstand, sodass der Eingang zu ihrer Burg stets unter Wasser liegt. So schaffen sie wertvolle Feuchtgebiete. Im flachen Wasser laichen oft Amphibien, und Ringelnattern sonnen sich auf den Dämmen. Viele Vogelarten, wie etwa Reiher, Schwarzstörche, Bekassinen und seit neuestem auch Kraniche, suchen in den Biberteichen des Bayerischen Waldes nach Nahrung. Staunässe lässt manche Bäume absterben, sodass Spechte in das morsche Holz ihre Höhlen zimmern können. Dort ziehen später andere Arten wie Meisen und Stare ein, die selbst keine Höhlen bauen können, sowie Nagetiere oder Fledermäuse. Einen besseren Partner für die Artenvielfalt als den Biber kann man sich kaum wünschen.

Biber sind reine Vegetarier, die sich von frischer pflanzlicher Kost und Baumrinde ernähren.
Da sie nicht klettern können, fällen sie mit ihren Nagezähnen Bäume, um an Zweige und junge Triebe zu gelangen. Stärkere Äste verwenden sie als Baumaterial für ihre Burg und ihre Dämme, mit denen sie den Wasserstand regulieren.
Auf diese Weise haben sie im Bayerischen Wald wertvolle Feuchtgebiete geschaffen, die für viele Tier- und Pflanzenarten einen wichtigen Lebensraum darstellen.

SOMMER

Im Sommer gehen häufig Wärmegewitter über dem Bayerischen Wald nieder. In den Tälern rund um Kreuzberg bildet sich Dunst, und der Große Rachel bewacht am Horizont die Szenerie.

WOCHEN VOLLER LEBEN

Der Wald von seiner milden Seite

Während der Frühling recht lang braucht, um die Hochlagen zu erreichen, muss sich der Sommer beeilen, denn ihm bleiben nur wenige Wochen zur Entfaltung seiner Kraft. Das Blätterdach der Laubwälder in den niedrigeren Regionen des Bayerischen Waldes hat sich inzwischen geschlossen, am Boden herrscht düsteres Zwielicht. Ganz anders dagegen präsentieren sich die abgestorbenen Borkenkäferwälder in den Hochlagen, denn ohne den fehlenden Schutz der Altbäume brennt die Sonne ungehindert auf die heranwachsende junge Vegetation herab. Gerade wenn regelmäßige Niederschläge ausbleiben, kann die Rückkehr des Waldes durch trockene Wochen im Sommer ausgebremst werden. Deshalb ist das Totholz der abgestorbenen Fichten vor Ort wichtig: Da zwischen den Stämmen im Tageslauf immer ein wenig Schatten bleibt, ist der Boden zumindest eine Zeitlang vor Austrocknung bewahrt.

Wenn die Temperaturen Deutschlands Metropolen auf bis zu 40 °C aufheizen, ist es im Bayerischen Wald vergleichsweise kühl. In den Kammlagen weht fast immer ein sanftes Lüftchen, und nur selten steigen die Temperaturen auf über 30 °C. Für viele Tiere ist das aber schon zu heiß, und Hirsche oder Wildschweine suchen sich schattige Ruheplätze oder Suhlen. Auf den Waldwiesen zeigt sich inzwischen eine üppige Blütenpracht, von Arnika über Orchideen aus der Familie der Knabenkräuter bis hin zu noch selteneren Gewächsen wie dem Ungarischen Enzian reicht die Artenvielfalt.

Wenn südwestliche Luftmassen schwülheiße Luft gegen den Bayerischen Wald drücken, bilden sich entlang des Hauptkamms im Sommer häufig Wärmegewitter. Diese kleinräumigen, fast stationären Wetterereignisse können dafür sorgen, dass lokal extreme Niederschläge fallen, aber nur einen Kilometer weiter alles trocken bleibt. Häufig enden diese Gewitter aber genauso abrupt, wie sie begonnen haben, der Sonnenschein kehrt zurück, und der sich schnell erwärmende Waldboden beginnt zu dampfen. In den abziehenden Schauern zeigt sich oft ein Regenbogen und legt ein bunt leuchtendes Band über die dunklen Waldkämme.

AUF DEN KLEINEN UND GROSSEN RACHEL

Ab dem 15. Juli sind im Nationalpark auch die unmarkierten Pfade wieder zu begehen. Dann lockt eine Tour auf beide Rachelgipfel. Vom Parkplatz Gfäll bei Spiegelau geht es steil bergauf in Richtung Waldschmidthaus. Ab circa 1200 Meter Seehöhe ändert sich der Waldeindruck, der Mischwald wird abgelöst von Bergfichtenwäldern – oder was davon übrig ist, da sie sich durch die Intervention der Borkenkäfer derzeit in einer »Umbauphase« befinden. Eindrucksvoll zeigt sich hier das Werden und Vergehen von Natur in den Hochlagen des Bayerischen Waldes. Jetzt im Sommer brennt in den Mittagsstunden die Sonne selbst hier oben unerbittlich auf die Wanderer herab. Die noch stehenden bleichen Stämme der abgestorbenen Altfichten bieten kaum Schatten. Aber über dem Hauptkamm des Gebirges bilden sich schon die ersten Wolken, die dann zumindest hier und da für ein bisschen Kühle sorgen.

Einige Hundert Meter weiter wird das Waldschmidthaus passiert. Unweit davon gibt es einen Ausblick hinab in das Kar des Rachelsees. Von der Berghütte aus zweigt ein Weg in Richtung Rachelwiese und Kleinen Rachel (1399 Meter) ab, zwei lohnenswerte Stopps. Vom Klei-

nen Rachel bietet sich eine schöne Sicht in den Talkessel um die Trinkwassertalsperre Frauenau, die so vom Großen Rachel nicht möglich ist. Aber natürlich ist dessen Besteigung für Nationalparkbesucher trotzdem Pflicht! Mit 1453 Metern ist er der höchste Berg im Park und nach dem Großen Arber (1456 m) der zweithöchste in Bayer- und Böhmerwald. Der Gipfel wird von einem langgestreckten Gneisriegel gebildet, bekrönt von einem hohen Kreuz. Vom Fels aus eröffnen sich immer wieder wunderschöne Blicke.

Wer dann entlang einer kleinen Bergwachthütte Richtung Osten absteigt, genießt eine weite Panoramasicht in das Zentrum des tschechischen Nationalparks Šumava. Junges Grün zwischen ausgedehnten Flächen von abgestorbenen Fichtenwäldern macht Hoffnung, und gleichzeitig bildet das Totholz die Grundlage für die Wildnis von morgen. Während der Bayerische Wald von Westen her bis zum Hauptkamm durchgehend ansteigt, gleicht der Böhmerwald nach Osten hin eher einer von Mooren überzogenen Hochfläche. Ein Stück ursprüngliche Natur in Mitteleuropa entlang des ehemaligen Eisernen Vorhangs.

Richtung Südwesten hingegen fällt hier am Rachel das Gelände steil ab und geht in das felsige Karbecken des Rachelsees über. Er liegt fast 400 Höhenmeter unterhalb des Gipfels und ist ein Resultat der letzten Eiszeit.

Der Torso einer Buche mit einem Durchmesser von 1,20 Metern verrottet langsam zwischen gleichartigen »Teenagern«. ◁
Und an einem schönen Junimorgen erfüllt warmes Sonnenlicht einen Mischwald bei Glashütte. ▷

SOMMERGEWITTER

Inzwischen haben sich die Wolken über dem Bayerwald-Hauptkamm verdichtet, das Donnergrollen ist kein gutes Zeichen. Mit leicht beschleunigtem Schritt geht es entlang des Seekessels bergab. Die Wolken türmen sich weiter auf, erste schwere Tropfen fallen auf den felsigen Steig. Zum Glück ist die Rachelkapelle – eigentlich eine kleine Schutzhütte – nicht mehr weit. Der pittoreske Holzbau ist Aussichtsloge und trockenes Dach über dem Kopf zugleich, und aus dem kleinen Fenster bieten sich atemberaubende Tiefblicke hinunter zum See.

Sicherlich einer der schönsten Plätze im Nationalpark. Der Regen nimmt kurzzeitig an Intensität zu, aber zum Glück zieht das Unwetter nicht herein. Die Sonne kämpft sich schon wieder durch Wolkenlücken, und mit der nötigen Vorsicht geht es über jetzt nasse Felsstufen weiter runter Richtung See.

Dort am Ufer ist die bisherige Wegstrecke gut nachzuvollziehen. Der Blick hinauf zum Gipfel ist eindrucksvoll, sogar ein kleines Felstor ist zu erkennen. Die wilde Seewand mit ihren Steinbastionen und stehenden oder gefallenen Baumriesen fesselt den Blick. Hier sehen wir auch gut den unterschiedlichen Zustand der verschiedenen Vegetationsstufen im Nationalpark. Borkenkäfer-Totholz und Bestände von Buchenwald gehen auf einer Höhe zwischen 1200 und 1100 Metern ineinander über. Vom See aus führt ein Wanderweg zurück zum Parkplatz Gfäll, wo diese sommerliche Tagestour in den Nationalpark auch ihren Anfang genommen hat.

KREISLAUF DER NATUR

Der Sommer hier strotzt nur so vor Kraft. Aber auch die Vergänglichkeit ist hier stets präsent, denn auch Borkenkäfer schätzen die heißen Tage. Wobei gerade in der warmen Jahreszeit eindrucksvoll zu beobachten ist, dass die Natur im Wald nicht einem Wechsel von Leben und Tod, sondern eher einem immerwährenden Kreislauf folgt. Das Totholz wird von neuem Leben überzogen: Für Käfer und andere Insekten dient es als Kinderstube, Pilze entspannen das Geflecht ihres Myzels im morschen Holz, und junge Fichten schlagen dort erste Wurzeln.

Im Bayerischen Wald verweilt der Sommer kürzer als im Rest des Landes. Bereits im August künden am Abend Nebelschwaden in den Hochtälern den nahen Herbst an. Am Ende des Sommers werden die Tiere schon unruhig. Die Rothirsche haben sich in den warmen Tagen Energiereserven angefressen, von denen sie während der Brunft zehren werden. Und dann geht alles sehr schnell. Gefühlt ist der Sommer die kürzeste Jahreszeit im »Woid«.

»DIE STERNE,
DIE BEGEHRT MAN NICHT,
MAN FREUT SICH
IHRER PRACHT.«

Johann Wolfgang von Goethe

Wenn in einer klaren Sommernacht die Milchstraße über dem Rachelsee leuchtet, wird die ganze Magie des Bayerischen Waldes spürbar.

WOCHEN VOLLER LEBEN

Goldener Filter. Das letzte Sonnenlicht verfängt sich in einem Bestand von Käferholz, also jenen Bäumen, die vom Borkenkäfer befallen wurden. △
Der Sommerweg führt im letzten Anstieg als sogenannte Himmelsleiter steil auf den Lusen. Bei flirrender Hitze ist die Wanderung ein anstrengendes Unterfangen. ▷

Beinahe alpin mutet dieser Blick vom Nationalpark Bayerischer Wald in den Böhmerwald an. In den Hochtälern kann die Temperatur auch im Sommer unter den Gefrierpunkt fallen.

Die Perspektive aus der Gegenrichtung, vom Hochstein am Dreisesselberg. Zwischen Rachel und Lusen überrascht das Plateau des Großen Arbers mit seinen charakteristischen Radarkuppeln.

Der abgestorbene Wald rund um das Waldschmidthaus am Rachel sieht gespenstisch aus. Aber zwischen dem Totholz nimmt die Zahl der nachwachsenden Fichten in jedem Jahr zu. ▽▽

WOCHEN VOLLER LEBEN

Blick über die Grenze: Nur wenige hundert Meter nördlich der Reschbachklause entspringt an der Moldauquelle die »Warme Moldau«. Einige Kilometer weiter, bei Kvilda (Außergefild), ist aus dem Rinnsal schon ein kleiner Fluss geworden.

Ein altes Böhmerwaldhaus: Leider sind auf bayerischer Seite in den letzten Jahrzehnten viele alte Holzhäuser verschwunden, erst langsam besinnt man sich wieder des architektonischen Erbes. Oft nehmen sich auch ortsfremde Liebhaber der alten Häuser an.

WOCHEN VOLLER LEBEN

Im Frühsommer blüht das Gefleckte Knabenkraut auf den naturnahen Wiesen. △
Wiesensalbei gedeiht auf einer ungedüngten Sommerwiese im Umfeld des Nationalparks. Im Hinteren Bayerischen Wald ist auch die Kulturlandschaft weniger beeinträchtigt als anderswo. Aber die artenreichen Wiesen sind bedroht, denn Biodiversität wird noch nicht von jedem als Schatz erkannt. ◁

DER HABICHTSKAUZ

DIE SELTENSTE EULENART DEUTSCHLANDS

Habichtskäuze, wie dieser Jungvogel aus dem Nationalpark Bayerischer Wald, verlassen den Nistplatz meist noch bevor sie fliegen können. Sie klettern im Geäst umher, aber sie sind keineswegs allein. Einer der Altvögel wacht meist in der Nähe. Sie verteidigen ihre Jungen rigoros gegen vermeintliche Gefahren und differenzieren dabei kaum. Manchmal attackieren wütende Habichtskauz-Eltern dabei auch große Säugetiere oder sogar Wanderer.

Der Habichtskauz ist eine beeindruckende Erscheinung. Er ähnelt dem weit verbreiteten Waldkauz, ist aber deutlich größer. Er kann eine Flügelspannweite von 1,25 Metern erreichen und wird unter den einheimischen Eulen nur vom Uhu übertroffen. Im Grunde ist er ein Vogel kälterer Regionen, sein Verbreitungsgebiet erstreckt sich von Skandinavien und dem Baltikum ostwärts durch Russland und Sibirien bis nach Ostasien. Außerdem gibt es eiszeitliche Relikte in einigen Gebirgen Mittel- und Südosteuropas. Eines davon lag im Grenzgebiet von Bayerischem Wald und Böhmerwald, wo der Habichtskauz noch bis 1926 Brutvogel war – dann verstummte dort sein Ruf.

Im Jahr 1975 begann ein Wiederansiedlungsprogramm im Nationalpark Bayerischer Wald, bei dem weit über 100 Vögel aus Nachzuchten in die Freiheit entlassen wurden. Der Bestand musste durch spezielle Nistkästen gestützt werden, denn natürliche Brutplätze, wie sie beispielsweise abgebrochene Totholzstümpfe bieten, gab es kaum.

Als die großen Stürme in den 1980er-Jahren viele Bäume zu Fall brachten, entschied die Nationalparkverwaltung, das Holz liegen zu lassen. Der Wald wurde nicht mehr aufgeräumt, die klassische Forstwirtschaft eingestellt, und Borkenkäfer wurden nur noch in den Randbereichen zu Wirtschaftswäldern bekämpft. Es folgte die bekannte massenhafte Vermehrung der Insekten, die großflächig im Nationalpark Bäume befielen. Nun gab es dort wieder reichlich Totholz und damit auch potenzielle natürliche Brutplätze.

Es dauert ein paar Jahre, bis das Holz stark genug zersetzt ist, dass die Käuze dort ihre Nistmulde scharren können. Doch schließlich konnte 2007 die erste Freilandbrut von Habichtskäuzen ohne Nistkasten im Nationalpark belegt werden. Inzwischen gibt es im Grenzgebiet vom Bayerischen Wald und Böhmerwald auf tschechischer Seite wieder mehr als 50 Habichtskauz-Reviere. Ziel ist es, den Bestand auf längere Sicht über Österreich an weitere Vorkommen im Osten anzubinden.

Die langsame Rückkehr des Habichtskauzes zeigt, wie wichtig eine natürliche Waldentwicklung für den Naturschutz ist. Entscheidend ist dabei, die Natur auf einer ausreichend großen Fläche sich selbst zu überlassen – den Rest erledigt die Zeit. Dann finden auch anspruchsvolle Arten wie der Habichtskauz wieder alles, was sie zum Leben brauchen.

Der Habichtskauz ist eine der großen Kostbarkeiten
der heimischen Vogelwelt. In Deutschland kommt er
nur sehr lokal im Bayerischen Wald vor, zudem wird
er in der Oberpfalz in Nordbayern wieder angesiedelt.
Er hat hohe Ansprüche an seinen Lebensraum. Zum
Brüten nutzt er gerne abgebrochene Totholzstümpfe,
die in Wirtschaftswäldern nicht vorhanden sind.
Dieser Habichtskauz gehört zur kleinen, wild lebenden
Population im Nationalpark Bayerischen Wald.

Memento Mori – auch Totholz hat seinen fotografischen Reiz. Sonnengebleicht werden noch einmal die Wachstumslinien eines Baums sichtbar. Seine Wurzeln klammerten sich an einen Fels und widerstanden jedem Sturm, nicht aber dem Borkenkäfer. ◁
Dramatische Abendstimmung im Borkenkäferwald am Großen Rachel. Zwischen den Sonnenstrahlen zeigt sich der Große Arber (1456 m), der König des Bayerischen Waldes. ▷

DER BORKENKÄFER

Kleines Tier mit riesiger Wirkung

Als der Nationalpark 1970 gegründet wurde, ahnten die meisten noch nicht, dass ein kleines Insekt sein Antlitz und das der mitteleuropäischen Wälder weit darüber hinaus für immer verändern sollte. Der Fichten-Borkenkäfer, wegen seiner exzentrischen Fraßgänge im Kambium eines Baumstammes (der Gewebeschicht, die für das Wachstum verantwortlich ist) auch als »Buchdrucker« bekannt, gilt bei den einen als Totengräber des Waldes, bei anderen dagegen als Geburtshelfer einer neuen, wilderen Waldgeneration. Während der Trockensommer 2018 und 2019 konnte sich der Käfer im gesamten Bundesgebiet ausbreiten, und insbesondere die Fichtenmonokulturen der Nachkriegszeit starben nach dem Befall im Flachland großräumig ab. Der Schädling wurde auf diese Weise zum regelmäßigen Gast in der medialen Berichterstattung.

Im Bayerischen Wald, wo in Höhenlagen über 1200 Meter Fichten von Natur aus artenreine Bestände bilden (mit geringen Anteilen von Ebereschen), ist der Käfer seit Jahrzehnten ein zwar nicht unbedingt gern gesehener Gast, aber man lernte, mit ihm und seinem zerstörerischen Wirken umzugehen und es sogar als Chance zu sehen. Fichten sind aber im Nationalparkgebiet nicht nur in den Hochlagen zu Hause, sondern auch in den sogenannten Aufichtenwäldern der Talbereiche: Hier bilden sich in klaren Nächten sogenannte Kaltluftseen, die wiederum für ein Klima sorgen, in dem – selbst auf relativ geringen Höhen – nur Fichten und in Moorbereichen hauptsächlich Birken und Latschenkiefern existieren können. Auch diese Aufichtenwälder wurden in den letzten beiden Dekaden von Borkenkäfern angegriffen.

Bereits aus historischen Aufzeichnungen aus dem 19. Jahrhundert ist überliefert, dass es nach großen Stürmen in den umgestürzten Bäumen zur Massenvermehrung der Käfer kam, er ist also seit jeher ein Teil des Ökosystems Bergfichtenwald. Aber erst bestimmte Ereignisse wie Sturmkatastrophen oder monatelanger Stress der Bäume durch Trockenheit schwächen den Wald so sehr, dass eine solche immense Vermehrung möglich wird.

DER GROSSE STURM UND SEINE FOLGEN

Der Borkenkäfer und sein »Werk«, der abgestorbene Wald, erregten im Umfeld des Nationalparks schon früh die Gemüter. 1983 führte ein Gewittersturm zu gewaltigen Schäden auf 90 Hektar Fläche im Kerngebiet des Nationalparks. Der damalige Staatsminister Hans Eisenmann entschied, dass der Mensch die natürliche Dynamik im Kerngebiet, also dem besonders stark geschützten Areal, trotzdem nicht mehr unterbre-

chen sollte. Gleich im Jahr darauf folgte ein weiterer Sturm. Das Totholz war in trockenen Sommermonaten eine optimale Kinderstube für die Borkenkäfer, und bald wurden »Borkenkäfernester«, also kleine Bereiche abgestorbener Bäume, zwischen Rachel und Lusen sichtbar. Mitte der 1990er-Jahre waren auf den südwestlichen Hängen des Böhmerwaldhauptkamms dann schon großflächige Waldbereiche abgestorben. Dennoch: Die Natur sollte sich selbst überlassen bleiben dürfen.

Gleichzeitig regte sich massive Kritik bei den Anwohnern der umliegenden Gemeinden. Zum einen wurde befürchtet, dass sich der Käfer auf die Wirtschaftswälder außerhalb des Nationalparks ausbreiten würde, zum anderen schien das, was die meisten vom Nationalpark erwartet hatten, gerade zerstört zu werden. Denn bei seiner Gründung hatten viele erhofft, dass sich der Park zu einem Gebiet der alten Baumriesen entwickeln würde. Die zum Teil bereits mehr als 150 Jahre alten naturnahen Bergfichtenwälder zwischen Rachel und Lusen sollten das Herzstück des zukünftigen Urwaldes sein.

Dass nun genau diese Wälder vom Borkenkäfer zerstört wurden, führte im Umland zu wachsenden Zweifeln am Nationalparkkonzept. Widerstand formierte sich, doch die Verantwortlichen hielten an der freien Entwicklung der natürlichen Dynamik für die Kernzone fest. Am Rand des Nationalparkgebiets aber gibt es eine Übergangszone, etwa einen halben Kilometer breit, auf welcher Borkenkäfer bekämpft

Wald verändert sich stetig. So wie dieser ältere Windwurf wird auch das Totholz in den Hochlagen zunehmend von einer neuen Baumgeneration überwachsen. ◁
Die Mutter des Waldes. Inmitten der abgestorbenen Bergfichten hat eine alte Fichte überlebt. Mit ihren Zapfen leistet sie einen Beitrag zu neuen Bäumen an diesem Hang. ▷

und befallene Bäume entfernt werden, auch, damit angrenzende Privatwälder geschützt sind. Im Erweiterungsgebiet von 1997 (primär das Gebiet rund um den Großen Falkenstein) gibt es sogenannte Entwicklungszonen, in denen das Insekt in einer gewissen Übergangsphase ebenfalls bekämpft wird. Manch ein Besucher ist über diesen Einsatz schwerer Forstmaschinen innerhalb der Nationalparkgrenzen verwundert. Inzwischen wurden aber bereits große Teile der Entwicklungsflächen in die Naturzone umgewidmet, also in jene Zone, in der kein forstwirtschaftlicher Eingriff vorgenommen werden darf.

In den Jahren 1995 bis 1997 kam es wieder zu einer immensen Ausbreitung des Schädlings, der Wald war durch Luftschadstoffe und Folgen des Klimawandels, die sich immer stärker bemerkbar machten, derart geschwächt, dass sich der Käfer während der Trockenphasen massiv ausbreiten konnte. Seine Vermehrung erfolgt also aufgrund klimatischer Veränderungen und nicht einfach nur, weil Totholz nach einem Sturm liegen bleibt. Auch die Trockenphasen 2018 und 2019 führten im Nationalpark Bayerischer Wald zur erneuten Vermehrung des Käfers. Gesunde Fichten können sich normalerweise gegen ihn wehren, indem in die Bohrlöcher Harz fließt und sie verklebt. Wenn jedoch der Stoffkreislauf eines Baums – oder gar ganze Waldbestände – durch Hitzestress und andere negative Umwelteinflüsse gestört ist, unterbleibt dieser natürliche Schutzmechanismus, und der Borkenkäfer kann sich ungehindert ausbreiten. Dann ist Fichtenholz für ihn eine wunderbare Brutstätte, und auch die natürlichen Fressfeinde können die Heerscharen des Buchdruckers nicht bewältigen.

Natürlich schmerzt einen der Anblick, wenn mehrhundertjährige Bäume innerhalb von wenigen Monaten absterben oder sich der Schädling auch über die »Filetstücke« im Kerngebiet hermacht (zum Beispiel im Höllbachgspreng). Inwieweit in den Hochlagen durch den Zusammenbruch der Bergfichtenwälder auch seltene Tier- und Pflanzenarten gefährdet sind, wie der Dreizehenspecht, Bärlapp oder Insekten, wird durch Monitoring, also durch systematische Beobachtung und Überwachung genau untersucht.

Andererseits muss man auch im Auge behalten, was nach dem Schädlingsbefall passiert. Für viele Kenner des Bayerischen Waldes war der Zusammenbruch der Fichtenwälder zunächst ein Schock. Die

Blick ins Schwarzbachtal. Die Nebel lichten sich langsam, und dann wird die Sonne ihre Kraft in diesem wilden Winkel des Nationalparks entfalten.

Entscheidung, das ganze Holz einfach liegen zu lassen, sorgte für Unmut. Über Generationen hatten die Waidler von, mit und für den Wald gelebt, und zwar für einen »sauberen« Wald. Das Totholzchaos brach mit dieser Idealvorstellung.

ALTES HOLZ VERHILFT ZU NEUEM LEBEN

Aber es sollte nicht lang dauern, bis sich zeigte, dass dort, wo die alten Stämme einfach am Boden blieben, die Rückkehr des Waldes viel schneller vonstatten ging als in den Bereichen, wo sie abtransportiert wurden. Der Fachjargon sagt dazu: Fichten sind durch die Rannenverjüngung an die Totholzdynamik angepasst. Das heißt übersetzt: Wer bei Wanderungen im Nationalpark genau hinsieht, wird feststellen, dass sich junge Fichten besonders gern auf den Baumleichen der Vorgängergeneration ansiedeln. Für den Fichtennachwuchs ist dort ein Standortvorteil, denn zwischen den gefallenen alten Stämmen machen sich schnell Gras und Stauden breit, aus denen sich der Baumnachwuchs erstmal ans Licht kämpfen müsste. Da bieten die dem Licht näheren »Logenplätze« auf dem Altholz bessere Wachstumsbedingungen. Im Lauf der Jahrzehnte überdauert der Nachwuchs das morsch werdende Altholz, aus Jungfichten werden stattliche Bäume, und wo einst der alte Stamm als Kinderstube lag, erinnern nur noch Luftwurzeln an den verrotteten Nährstofflieferanten der ersten Jahrzehnte.

Neben dieser Rannenverjüngung bietet der Verhau aus Altholz noch weitere Vorteile. So führt das Chaos aus übereinander liegenden Stämmen und Wurzeltellern dazu, dass es immer Bodenbereiche gibt, die nicht der direkten Sonneneinstrahlung und somit der sommerlichen Hitze ausgesetzt sind. Dort können dann auch Schatten liebende Pflanzen wie der Bärlapp so lang ein Refugium finden, bis der Fichtenaufwuchs wieder dicht genug ist. In Kahlschlägen, die von jeglichem Altholz geräumt werden, gibt es diesen Strukturreichtum nicht. Die Sonne trocknet den Oberboden ungehindert aus, und starke Niederschläge können die wertvolle Humusauflage erodieren. Außerdem werden bei der Zersetzung der alten Stämme auch wertvolle Nährstoffe an den Boden zurückgegeben.

Und schließlich wird oft unterschätzt, dass es das Chaos aus Stämmen und Ästen – fast wie ein natürlicher Zaun – Hirschen und Rehen schwer macht, die jungen Fichten zu verbeißen. Luchse dagegen klettern sicher und leicht über die Stämme und können so die auch in ihren Fluchtmöglichkeiten eingeschränkten Paarhufer effizient jagen. Ein erwünschter Nebeneffekt, da die hohen Bestände der Pflanzenfresser sich negativ auf die natürliche Walddynamik auswirken.

JUNGE BÄUME SIEDELN SICH AN

Teils mehr als 25 Jahre liegen jetzt die Ereignisse rund um den Borkenkäfer im Nationalpark zurück. Den anfänglichen Unkenrufen zum Trotz etabliert sich auf den abgestorbenen Flächen ein neuer Wald. Von Jahr zu Jahr nehmen die jungen Fichten an Höhe zu, und die noch verbliebenen bleichen Altstämme verschwinden langsam im frischen Grün. Spannend wird zu beobachten sein, inwieweit sich der Wald, bedingt durch die klimatischen Vorzeichen, in seiner Zusammensetzung verändern wird.

Nachdem also Anwohner und auch Urlauber der ungehinderten Ausbreitung der Borkenkäfer anfangs sehr kritisch gegenüberstanden, haben sich viele inzwischen mit der ungewöhnlichen Optik der Nationalparkwälder arrangiert. Nicht zuletzt weil sichtbar wird, dass bereits eine neue Baumgeneration heranwächst. Ja, es werden sogar schon die ersten besorgten Stimmen laut, dass durch den Aufwuchs die schönen Aussichtsmöglichkeiten, die sich durch den Käferbefall erst ergeben hatten, wieder verschwinden könnten. Tatsächlich merken besonders Fotografen, wie schnell sich der Wald verändert. Da sie über Jahre hinweg für ihre Aufnahmen zu immer denselben Orten zurückkehren, stellen sie als erste fest, dass mehr und mehr junge Baumwipfel immer weiter ins Blickfeld hineinwachsen. Am Ende wird die Borkenkäferzeit beim 75-jährigen Nationalparkjubiläum sogar noch als Epoche der uneingeschränkten Aussichten verklärt …

»BÄUME STERBEN AUFRECHT«

Peter Schütt

Der Borkenkäfer hat nicht nur die Hochlagen im Nationalpark, sondern auch die Wälder im Naturschutzgebiet am Dreisessel zum Absterben gebracht.

Für Fotografen ist der Borkenkäferwald ein außergewöhnliches Motiv – besonders bei Nebel. Generell ist die Bestürzung über den sterbenden Wald inzwischen der Erkenntnis gewichen, dass neue Bäume nachkommen. ▽▽

Für neue Nährstoffquellen suchen sich die Wurzeln der jungen Bäume ihren Weg in den Boden. Wenn dann das Altholz irgendwann völlig verrottet ist, erinnern nur die skurrilen Luftwurzeln an die sogenannte Rannenverjüngung. △
Die alten Fichten sind das Kinderbett ihres Nachwuchses. Die Fichtensprösslinge, die auf den Stämmen wachsen, haben es leichter als jene auf dem Boden, denn dort ist die Konkurrenz durch Blaubeeren und Gräser groß. ◁

DER BORKENKÄFER 97

Nach einer kühlen Nacht im Großen Filz reihen sich Tautröpfchen wie tausend Perlen am Netz einer Radnetzspinne auf. ◁

Auch das ist der Nationalpark: Ein fast reiner Rotbuchenbestand in 1000 Meter Höhe. ▷

IM FARBENRAUSCH

Vergängliche Schönheit

Die goldene Jahreszeit macht ihrem Namen im Bayerischen Wald alle Ehre. Bevor der Winter die Landschaft in grafisch anmutendes Schwarzweiß taucht, entfaltet sich für wenige Wochen noch einmal ein letzter Farbenrausch. Spätestens mit der Hirschbrunft im September beginnt der Herbst. Das Röhren der bayerischen und böhmischen Platzhirsche hallt an den Hängen wider. Halbstarke Herausforderer versuchen, den Revierkönigen das Rudel streitig zu machen.

Ein Tagesanbruch auf einem Bayerwaldgipfel im Herbst, während ringsum die Hirsche röhren oder sogar Geweihe krachend aufeinanderstoßen, gehört zu den intensivsten Naturerlebnissen hier oben. Die meisten anderen Tiere nutzen die verbleibenden Tage bis zum Winter weniger kraftraubend und fressen sich ein Speckpolster für die Wintermonate an, Blaubeeren locken Vögel und Säugetiere, auch die Pilzsaison ist noch in vollem Gange.

Die Flora verändert sich, die Blätter der Laubbäume wechseln ihre Farben, da sich die Baumsäfte langsam in die Wurzeln zurückziehen. Buchen und Bergahorne treten als bunte Tupfer im Bergwald jetzt besonders hervor. In den Mooren der Tallagen dominiert dagegen das Goldgelb der Birken. Morgens triefen die lichten Waldbestände und Wiesen vor Tau, an den Netzen der Kreuzspinne glitzern Hunderte Wasserperlen. Der ganze Herbst wirkt wie ein kostbares Glas aus einer der Waldglashütten: Wunderschön, aber zugleich zerbrechlich, denn all die Pracht kann mit einem nächtlichen Wintereinbruch zerstört sein. Und wie die vielfältigen Formen der Glas-Schöpfungen, so zeigt sich auch der Herbst immer wieder unterschiedlich: Manchmal zieht sich ein goldener Oktober bis weit in den November hinein, in anderen Jahren beginnen schon Ende September die Schneefälle.

RUHE FINDEN

Dies ist vielleicht die beste Zeit, um den Bayerischen Wald zu besuchen. Für das Wandern auf den bergigen Pfaden herrschen angenehme Temperaturen, und die klare Luft eröffnet grandiose Panoramen bis hin zu den Alpen. Wobei die Hochlagen deutlich im Vorteil sind gegenüber den Tälern, denn dort fällt es der Sonne immer schwerer, sich durch den Nebel zu kämpfen. Wenn sich ein Hochdruckgebiet über Mitteleuropa breitmacht, können Inversionswetterlagen dazu führen, dass sich erst die Regionen ab 900 oder 1200 Metern oberhalb vom monotonen Dauergrau befinden.

Magische Momente: Lichtstrahlen im Wald lassen Fotografenherzen höher schlagen. ◁
Im Herbst lockt die Fernsicht bis zum 150 Kilometer entfernten Watzmann Wanderer in den Nationalpark. ▷
Grenzenloser Märchenwald: Bayerischer Wald und Šumava, verbunden durch ein Nebelmeer. ▽▽

Viele Tiere dagegen sind schon auf den nahen Winter eingestellt. Die Zugvögel sind längst auf dem Weg nach Süden, Eichhörnchen legen emsig Verstecke für Bucheckern an. Auch im Hirschrevier ist es mittlerweile ruhig geworden. Manchmal liegt jetzt eine fast bedrückende Stille über den Bergwäldern. Besonders intensiv erlebt man diese Stimmungen bei den weniger frequentierten Nebengipfeln. Der Herbst bietet dem einsamen Wanderer ein Naturerlebnis für alle Sinne, deswegen kann es sich lohnen, die Hauptattraktionen zu meiden. Denn auf dem Lusengipfel sieht man im September manchmal mehr Wanderer als Felsblöcke.

WANDERUNG ZU LEISEN ZIELEN

Eine schöne, stille Tour führt zum Schachten namens Tummelplatz und weiter zu Felsformationen im umgebenden Wald. Als Startort bietet sich der Parkplatz am Sagwasser an. Auch ein längerer Aufstieg zum Lusen beginnt hier, der Wegweiser mit dem Arnika-Symbol aber leitet die Wanderer zum Tummelplatz. Die ersten Kilometer steigen gleichmäßig an, die Strecke führt durch schönen Mischwald aus Buchen und einigen Tannen. Gerade die Buchen haben sich jetzt im Herbst besonders herausgeputzt und bestechen durch intensive Laubfärbung. Die Zahl der Fichten ist in diesem Mischwaldbereich aus bekannten Gründen wie dem Borkenkäferbefall bereits stark zurückgegangen, Buchen dagegen breiten sich aus. Der Wald an den Hängen des Hauptkamms verändert sich.

Nach einigen Kilometern entspannter Herbstwanderung ist das erste Ziel erreicht, der Tummelplatz (1140 m), ein Schachten, auf dem früher Vieh weidete. Das heißt, zeitweise wurden Stiere hier auch einfach in die Wälder eingetrieben und von den Hirten nur nachts auf der Wiese zusammengeführt, aus dieser Zeit stammt auch der sprechende Name. Im Zentrum der Hochweide steht eine pittoreske Forstdiensthütte, die heute als Nationalparks-Forschungsstation dient. All das ist wirklich ein Idyll, aber was wäre eine Herbstwanderung ohne einen Gipfel oder zumindest ein Gipfelchen, um bei der klaren Luft die Aussicht zu genießen?

Falls die Wege nicht gesperrt sind, kann man von hier aus entweder zum Sulzriegel aufsteigen oder das Groß- und Kleinalmeyerschloss besuchen. Bei der Bezeichnung »Schloss« darf man aber kein historisches Gebäude erwarten, der Name bezieht sich auf eine Felsbastion. Vom Tummelplatz ist es nur ein Katzensprung und eine kleine Kletterei, dann öffnen sich von den Granitklippen am Großalmeyerschloss (1196 m) interessante Blickfenster. Richtung Nordwesten sind Rachel und Lusen gut auszumachen. Diese höheren Berge blockieren in der Richtung auch die Fernsicht, dafür kann aber die Waldnatur des Nationalparks hier schön beobachtet werden. Das Lusenschutzhaus und das Waldschmidthaus sind ebenfalls gut zu erkennen.

Nach Osten und Süden gibt es weitere Aussichten, dennoch kann dieser Felsen vom Panorama her natürlich nicht mit dem Lusen mithalten. Dafür bietet aber die umgebende Waldesstille ihren besonderen Reiz. Und man ist hier vis-à-vis der Baumkronen, wie auf einem natürlichen Baumwipfelpfad, um die herbstliche Farbenpracht zu genießen.

Es lockt auch noch ein zweiter Felsen, das Kleinalmeyerschloss. Ein paar Hundert Meter folgt man einem schmalen Pfad durch noch dichten Fichtenwald und erreicht die Felsklippe, von der sich vor allem Blicke nach Süden eröffnen. Jetzt im Herbst sind die über 150 Kilometer entfernten Alpengipfel am Horizont oft scheinbar zum Greifen nah. Auch die nähere Umgebung des Bayerwaldes ist einen Blick wert: Dörfer und Weiler verteilen sich malerisch zu Füßen des Nationalparks in der Landschaft, ihre oft hoch aufragenden Kirchtürme erleichtern die Identifikation der einzelnen Orte. Natur- und Kulturlandschaft gehen hier scheinbar ineinander über. Und im Donautal liegt immer noch ein milchiges Nebelband, wie so häufig während herbstlicher Inversionswetterlagen.

Das Kleinalmeyerschloss wird wegen einer hölzernen Marienfigur an einem Baum auch Marienburg genannt. Dahinter fällt die Klippe steil nach Süden ab. Von hier schließt sich der Kreis dieser Herbstwanderung, und über Pfade und schließlich einen breiteren Fahrweg wird wieder der Ausgangspunkt an der Sagwassersäge erreicht.

Auf diese Weise lassen sich im Herbst ganz besonders intensive Naturstimmungen im Nationalpark Bayerischer Wald erleben. Doch auch die goldene Jahreszeit neigt sich irgendwann dem Ende zu, nach einem nächtlichen Wetterumschwung sieht die Welt gleich ganz anders aus, die Hochlagen sind in Wolken gehüllt, Schneeflocken rieseln auf den Rachelgipfel herab. Über Nacht ist plötzlich der Winter eingekehrt.

IM FARBENRAUSCH

Blick von außen zum Nationalpark. Vom herbstlichen Silberberg bei Bodenmais geht die Sicht bei Sonnenaufgang bis zum Nationalparkgipfel Großer Rachel.

Zwischen Tag und Nacht. Hinter dem Rachel geht der Mond unter, während sich auf den Felsblöcken des Lusens bereits das erste Dämmerlicht zeigt.

IM FARBENRAUSCH

Von den acht Karseen des bayerisch-böhmischen Waldgebirges liegt nur der Rachelsee im Nationalpark. Der bekannteste See auf bayerischer Seite ist aber der leicht zu erreichende Große Arbersee mit seiner eindrucksvollen Seewand. △
Nur an wenigen Tagen im Jahr geht die Sonne genau in der Mitte über dem Seehaus am Großen Arbersee auf und flutet den ganzen Felskessel mit goldenem Licht. Diese beiden Bilder wurden im Abstand von nur fünf Minuten in jeweils entgegengesetzte Richtung aufgenommen. ▷

Noch ein Blick über die Grenze: Der österreichische Teil des Böhmerwalds ist für viele der unbekannteste dieses Mittelgebirges, das drei Länder überspannt. Von den Anhöhen zwischen Hochficht und Bärnstein ergeben sich schöne Aussichten in den südlichen Teil des Nationparks Šumava.

Manchmal reicht eine besondere Wetterlage aus, damit die scheinbar altbekannte Umgebung fremdartig wirkt. Das Nebelmeer kletterte an diesem Morgen so hoch, dass der Rachelgipfel wie eine Insel aussah, hinter der der Mond unterging.

Auf dem Weg zum Nationalpark? 600 Hektar Wald bei Finsterau sind im Gespräch, noch 2020 Teil des Großschutzgebiets zu werden. ▽▽

IM FARBENRAUSCH

DER WOLF

RÜCKKEHR EINER LEGENDE

Diese wild lebenden Wölfe aus Sachsen-Anhalt sind Teil einer großen Erfolgsgeschichte. Einst waren die Tiere in Mitteleuropa weit verbreitet, doch sie wurden systematisch ausgerottet. Aus Polen wanderten Wölfe wieder über die Grenze nach Westen, im Jahr 2000 kam der erste Wurf in Sachsen zur Welt – seitdem wächst ihr Bestand. Die Jungtiere müssen sich irgendwann eigene Reviere suchen und können dabei weite Strecken zurücklegen – auch bis nach Bayern.

Kaum ein Tier verbinden die Menschen so sehr mit der Vorstellung von Wildnis wie den Wolf. Er scheint einfach perfekt in die ursprüngliche Landschaft des Bayerischen Waldes zu passen. Früher kam er dort natürlicherweise vor, aber wie viele andere Tierarten duldeten die Menschen auch ihn nicht in ihrer Nachbarschaft. Im Jahr 1846 wurde der letzte bekannte Wolf im Bayerischen Wald geschossen.

Dennoch machten Wölfe weiterhin Schlagzeilen, denn aus den Schaugehegen des Nationalparks konnten über die Jahre mehrfach Tiere entkommen. Weil sie an Menschen gewöhnt waren, sie mit Futter in Verbindung brachten und anders als ihre wild lebenden Artgenossen keine Scheu zeigten, wurden sie mit großem Aufwand wieder eingefangen oder getötet – ein gefundenes Fressen für die Medien.

Die eigentliche Sensation aber spielte sich völlig ohne Medienrummel ab. Leise und unauffällig waren wild lebende Wölfe in den Bayerischen Wald eingewandert. Bereits 2015 konnte ein männliches Tier nachgewiesen werden, später folgte eine Wölfin. Schließlich lieferten Fotofallen im Sommer 2017 Bilder von Welpen – ein Rudel war entstanden. Es war der erste Nachwuchs von wild lebenden Wölfen in Bayern seit rund 150 Jahren. Genetische Analysen zeigten später, dass es sich um zwei männliche und zwei weibliche Junge handelte. Auch die Herkunft der Tiere lässt sich mithilfe der Genetik bestimmen: Bei der Wölfin handelte es sich um ein Tier aus der zentraleuropäischen Population, sie kam aus Ostdeutschland oder Westpolen, der Rüde dagegen stammte aus den Alpen. Erstmals gelang damit der Nachweis, dass sich Tiere beider Wanderrouten treffen und paaren.

In den Jahren 2019 und 2020 gab es erneut Nachwuchs, inzwischen nutzen die Wölfe sowohl Flächen in Bayern als auch im angrenzenden Šumava-Nationalpark auf tschechischer Seite. Insgesamt hinkt Bayern dem bundesweiten Trend aber hinterher, denn es gibt viel potenziellen Lebensraum für Wölfe, der noch nicht wieder besiedelt ist. Dabei brauchen die Wölfe keineswegs Wildnis zum Leben – lediglich Rückzugsgebiete und Wild. Beides finden sie auch in unserer Kulturlandschaft. Und doch wirkt der Bayerische Wald gleich noch ein bisschen wilder, wenn dort neben Luchsen nun auch wieder Wölfe durch die Wälder streifen.

Wölfe nutzen gerne die ausgedehnten und ruhigen Wälder im Grenzgebiet des Nationalparks Bayerischer Wald und des benachbarten Šumava-Nationalparks in Tschechien als Lebensraum. Die Tiere sind jedoch selten und scheu. △
Beobachten lassen sich Wölfe in den Tierfreigeländen des Nationalparks Bayerischer Wald. Gelegentlich werden sie, wie hier im Bild, mit Wild gefüttert, das im Straßenverkehr zu Tode kam – eine willkommene Abwechslung für die Wölfe. ◁

Das Höllbachgspreng ist ein Urwaldrelikt und gehört zu den Naturschätzen des Nationalparks. Ein Stück Wildnis, das auf einem anspruchsvollen Pfad durchwandert werden kann, sofern es nicht wegen der Wanderfalkenbrut gesperrt wird.

IM URWALD

Auf der Suche nach dem Wald von einst

Fast sieben Millionen Bäume wachsen im Nationalpark – aber wie viele davon kann man als Urwaldbäume bezeichnen? Für das Wort Urwald gibt es hier zwei verschiedene Lesarten: Zum einen sind damit kleine Waldteile gemeint, in denen möglicherweise noch nie eine Axt an einen Baum gesetzt wurde. Zum anderen gibt es die Vision des ganzen Nationalparks als »Urwald von Morgen«. Am Anfang dieser Zukunftsvision stand jener katastrophale Gewittersturm, der im August 1983 rund 90 Hektar Wald zerstörte. Normalerweise wurden derartige Sturmschäden vom Nationalparkforstamt aufgearbeitet, aber in diesem Fall blieben die vom Wind umgeworfenen Bäume im Kerngebiet liegen. Die Idee eines Urwalds der Zukunft war geboren.

Der Mensch sollte seinen Einfluss weiter verringern, damit die natürlichen Prozesse im Ökosystem Wald ohne menschliche Intervention ablaufen. Aus den noch existierenden kleinen, urwaldähnlichen Flächen heraus können sich dann spezialisierte Arten in den neu entstehenden naturnahen Wald ausbreiten. Insofern haben die alten Flächen eine besondere Bedeutung, da sie mit ihrer hohen Biodiversität als Keimzellen für die Rückkehr zur Wildnis dienen.

VOM URWALD ZUM FORST

Bis ins 19. Jahrhundert gab es noch riesige Flächen von unberührtem Wald in der bayerisch-böhmischen Grenzregion. Der Botanikprofessor Heinrich Robert Göppert erforschte 1864 die Urwälder des nahen Böhmerwaldes, daher ist deren Aussehen hier am Grenzkamm gut dokumentiert. Von ihm stammt auch die erste deutschsprachige Definition eines Urwaldes: als Wald, »von welchem man noch niemals versucht hat, irgendeine Nutzung zu ziehen, in welchem die gesamte Vegetation sich in einem Zustande befindet, wie er seit Jahrtausenden, ja vom Anfange an gewesen [...].« Mit dem Anlegen von Schwemmkanälen und später Waldeisenbahnen aber wurden diese Ressourcen für den unstillbaren Holzhunger der im 19. Jahrhundert wachsenden Städte erschlossen.

URTÜMLICHE RELIKTE

Am Berg Kubany (heute Boubín, im Nationalpark Šumava) nahm man daher bereits 1858 ein erstes Naturwaldreservat aus der forstlichen Nutzung heraus. Im Nationalpark Bayerischer Wald sind die urwaldähnlichen Relikte sehr klein, gemessen an den mehr als 24 000 Hektar Gesamtfläche, meist handelt es sich nur um ein paar Dutzend Hektar. Dennoch vermitteln sie eine leise Ahnung davon, wie es hier einst ausgesehen hat.

An den meisten anderen Standorten wurden die Waldflächen dem lange allgegenwärtigen Ideal des »aufgeräumten« Waldes angepasst. Die riesigen Totholzmengen am Boden wurden aufgearbeitet, alte und krumme Bäume wurden gefällt. Der wilde Wald wurde zunehmend in Wirtschaftswald umgewandelt. Der Mensch zwang der Natur seinen Willen auf, und aus den Wäldern wurde Forst.

Trotz der gravierenden Eingriffe in den letzten 200 Jahren blieben im abgelegenen Bayerischen Wald mehr naturnahe Areale erhalten als in den meisten anderen Landstrichen Deutschlands. So finden sich unterhalb von einsamen Felsriegeln oder in der Rachelseewand Flächen, die als urwaldähnlich bezeichnet werden können. Am bekanntesten sind jedoch die Mittelsteighütte und das Höllbachgspreng im Umfeld des Falkensteinmassivs.

Der Urwald Mittelsteighütte spielt eine besondere Rolle, er stand bereits seit dem 18. Jahrhundert als Bannwald unter Schutz, nur gelegentlich wurden einzelne Stämme für die Glasindustrie entnommen. Heute findet man dort einige der eindrücklichsten Waldbilder im Nationalpark, und das Totholz am Boden bietet Lebensraum für eine große Vielfalt von Lebewesen wie Pilze oder Käfer. Auch der Hans-Watzlik-Hain bei Zwieslerwaldhaus muss erwähnt werden, hier steht die größte Tanne Deutschlands, die Große Waldhaustanne, mit fast 7 Metern Umfang und einer Höhe von mehr als 53 Metern. Die Umgebung selbst ist zwar nicht urwaldähnlich, aber verschiedene Giganten erinnern daran, zu welcher Höhe auch einheimische Bäume heranwachsen können.

Am wildesten aber mutet sicher das Höllbachgspreng an (»Gspreng« steht für eine wilde, steile Bachpartie). Auf mehr als 50 Hektar hat sich an der Ostseite des Großen Falkensteins in einer von Felsen durchsetzten Steillage ein artenreicher, urwaldähnlicher Bergwald erhalten. In Teilen schon seit dem 19. Jahrhundert nicht mehr forstwirtschaftlich genutzt, wurde die Fläche schließlich 1941 zum Naturschutzgebiet und ist heute Teil des Kerngebiets im Nationalpark Bayerischer Wald. Wenn im Frühsommer die Brutzeit bei den Wanderfalken in den Felswänden des Bergstocks beendet ist, kann dieses einmalige Gebiet auf einem Pfad in steilen Serpentinen durchquert werden. In einer Höhenlage von 990 bis 1200 Metern findet sich im tieferen Teil ein artenreicher Misch-

Eine Erinnerung an die alten Urwälder: Die Große Waldhaustanne im Hans-Watzlik-Hain ist wohl der größte Baum des Nationalparks und gleichzeitig auch die mächtigste Tanne Deutschlands: Sie ist 54 Meter hoch und hat in Brusthöhe einen Umfang von 6,70 Metern.

wald mit uralten Bergahornen, je höher man steigt, desto mehr nimmt die Anzahl der Fichten zu. Eine Wanderung zum Höllbachgspreng lohnt sich also sehr bei einem Besuch im Bayerischen Wald. Von Scheuereck aus erreicht man nach wenigen Kilometern die Höllbachschwelle, eine ehemalige Klause, in der das Wasser zur Holzftrift weiter unten gesammelt wurde. Direkt hinter dem kleinen künstlichen See beginnt der Urwaldbereich. Erstaunlich, wie nah forstwirtschaftliche Einrichtung und Urwaldrelikt sich hier kommen! Aber der Holzschlag fand hauptsächlich unterhalb des Speicherbeckens statt. In der Waldeinsamkeit wirkt die Höllbachschwelle mit ihrer kleinen Walmdach-Holzhütte sehr idyllisch.

DURCH WILDNIS ZUM HÖLLBACHGSPRENG

Danach geht es auf einem Pfad aus groben Steinen weiter Richtung Höllbachgspreng. Die Steigung nimmt stetig zu – ebenso der Stammdurchmesser der Bäume. Die hölzerne Ruine eines riesigen Bergahorns beeindruckt direkt am Wegrand. Auch starke Fichten, Buchen und Tannen begleiten den Aufstieg. Am Boden finden sich Farne, Moose und Flechten, dazwischen Waldmeister oder im Frühjahr auch die zierlichen Soldanellen. Wo die Schneelast groß oder der Untergrund nicht sehr fest ist, sind die Stämme der jungen Bäume in Bodennähe stark gekrümmt. Auch über den Rinnsalen und dem Bachlauf, der den Weg begleitet, liegen umgestürzte Baumriesen kreuz und quer. Bei ganzjährig hoher Luftfeuchtigkeit erzeugt dichter Unterwuchs eine fast dschungelartige Atmosphäre.

Inzwischen zieht der Weg in schmalen Kurven den Berghang hinauf. Das Rauschen des Baches nimmt zu, und ein weiterer mächtiger Bergahorn macht sich mitten auf dem Weg breit. Von diesen Ungetümen aus ist es nicht mehr weit bis zum Höllbachwasserfall. Mehrere Meter hoch gischtet der Bach über die Gneisfelsen. Tote Stämme und Äste im Bachbett verleihen der ganzen Szenerie eine chaotische, wilde Note. Hier am Wasserfall spürt man die große Kraft eines urwaldartigen Waldbestandes.

Nun haben wir die Wahl zwischen zwei Wegen: Weiter am Bach entlang oder dem (bis zum Ende der Wanderfalkenbrut im Frühjahr gesperrten) Pfad an der anderen Seite des Wasserfalls folgen. Dieser leitet uns in abenteuerlichem Auf und Ab über Felsbastionen und schmale Gneisbänder weiter in den wilden Wald hinein. Die Stämme gefallener Baumriesen liegen am Hang über uns zwischen meterhohen Felswänden. Unter Überhängen, die vor Regen schützen, fällt das helle Gelbgrün der Schwefelflechten auf. Auf morschen, dicht bemoosten Baumleichen haben sich kleine Fichten angesiedelt, ein alter Baum wird so zum Nährboden für seine Nachkommen. Und wo sich die morsche Unterlage nach einigen Jahrzehnten völlig zersetzt hat, bildeten die ehemals auf dem Stamm wachsenden Fichten Luftwurzeln, um die Nährstoffe im Boden zu erreichen. So sind viele skurrile Wuchsformen zu sehen. Ganze Felsen sind über und über von Wurzeln bedeckt. Der steinharte Standort bietet zwar Nachteile, was Wasser und Nährstoffe angeht, aber der Weg zum Lebenselixier Licht war oberhalb des Steins noch frei. Während andere gleichaltrige Bäume unter den alten Baumriesen ein verkümmertes Schattendasein fristen, war der Wuchsort auf dem Felsen ein Wettbewerbsvorteil im Ringen um Zugang zum Licht.

Alsbald wird der Weg wieder steiler und leitet in engen Serpentinen durch die Felsen. Dichtes Grün begleitet den Aufstieg, zwischen den Felsen krallen sich besonders wagemutige Bäume mit ihren Wurzeln fest. Kein Wunder, dass Wanderfalken und Eulen in diesem Gelände hervorragende Brutbedingungen vorfinden. Doch irgendwann endet der Steig durch die Felsen, der Waldboden wird wieder flacher. Inzwischen dominieren die Fichten, die Buchen hingegen sehen oft verkümmert krumm aus. Nach 300 Höhenmetern wird die obere Kante des Höllbachgsprengs erreicht.

Die Eindrücke aus dieser wilden Naturszenerie begleiten einen über Tage, wenn nicht sogar noch länger. Man sollte sich wirklich bei einer Wanderung ausgiebig Zeit für diesen Streckenabschnitt nehmen. Denn nur wer genau hinsieht, wird auch den Reichtum dieses Waldabschnitts erkennen.

In alten Wäldern lohnt auch ein Blick auf den Boden: Farne, Flechten, Moose und Bärlappe wirken manchmal wie Miniaturwälder. △

Der Höllbach stürzt als Wasserfall in das Gspreng, womit ein steiler, felsiger Bachabschnitt bezeichnet wird. ◁

Wilder Wald am Falkenstein. Bergahorne und Buchen verschiedenster Altersstufen sorgen für eine lebendige Atmosphäre. ▽▽

IM URWALD

Ein letzter Sonnenstrahl trifft auf Gelbstielige Nitrathelmlinge im Urwaldgebiet Mittelsteighütte. △
Der Steinbach stürzt sich am Westhang des Kleinen Falkensteins über Gneisfelsen in eine urwüchsige Bachschlucht. ▷

Oft finden sich rund um den Falkenstein skurril auf Felsblöcken wachsende Fichten. Sie sind so dem Licht näher, und das dürfte trotz der Entfernung vom eigentlichen Boden ein Standortvorteil sein.

Dschungel-Atmosphäre schafft diese Regenstimmung im alten Mischwald des Höllbachgsprengs.

Ausblick über die Grenze auf das legendäre Urwaldschutzgebiet am Boubín. Der Boubínský prales (Kubany-Urwald) steht bereits seit 1858 unter Naturschutz. ▽▽

DER ROTHIRSCH

KÖNIG OHNE REICH

Rothirsche leben meist in Rudeln, die aus Weibchen und ihren Jungtieren bestehen. Vor allem im Herbst gesellen sich ältere Männchen dazu. Während der Brunft verteidigen sie mit charakteristischem Röhren lautstark ihren Anspruch auf die Hirschkühe, um die sie mit ihren Geweihen kämpfen. Im Frühjahr kommen die Kälber zur Welt, deren Fell anfangs hell gesprenkelt ist.

Ein mächtiges Hirschgeweih an der Wand, das Gemälde vom röhrenden Hirsch, der im Herbst die Weibchen um sich schart und die Nebenbuhler vertreibt – kaum ein traditionell bayerisches Wirtshaus kommt bis heute ohne solche Würdigungen des Rothirschs aus. Er wird als König der Wälder gesehen und war selbst Jagdwild der Könige. Wilderei wurde entsprechend hart bestraft. Im Gegensatz zu anderen Großtieren ist der Rothirsch in Deutschland und Bayern nie ausgestorben. Abgesehen von einzelnen Elchen, die gelegentlich aus Tschechien zu Besuch kommen, ist er das größte Wildtier im Nationalpark Bayerischer Wald.

Aber der Rothirsch ist schon lange entthront, er ist ein König ohne Reich. In Bayern gibt es zehn sogenannte Rotwildgebiete, zu denen auch der Nationalpark gehört. Außerhalb dieser Gebiete dürfen die Hirsche laut Gesetz nicht leben und müssen erlegt werden. Dadurch ist kein natürlicher Jahresablauf für sie mehr möglich. Unter natürlichen Bedingungen würden die Hirsche im Winter aus den schneereichen Hochlagen in die Täler Richtung Donauauen ziehen, um Futter zu finden. Mit der Grenze der Rotwildgebiete sind die natürlichen Wanderungen aber unterbrochen. Um Schäden in der Land- und Forstwirtschaft der Umgebung zu reduzieren, werden die Rothirsche im Nationalpark in vier Wintergatter getrieben und dort gefüttert. Etwa 60 Prozent von rund 500 Tieren verbringen dort den Winter.

Heute finden auf über 70 Prozent der gut 240 Quadratkilometer großen Nationalparkfläche keine menschlichen Eingriffe mehr statt. In den übrigen Gebieten wird das Rotwild nach wie vor reguliert, um Schäden in angrenzenden Wirtschaftswäldern zu vermeiden. Mittlerweile wirken weitere Faktoren auf den Bestand: Aufgrund der Klimaerwärmung und milderer Winter werden voraussichtlich mehr Hirsche die kalte Jahreszeit überleben. Weiterhin ist damit zu rechnen, dass die sich etablierende Wolfspopulation sowohl den Bestand der Hirsche als auch deren Aktivität und Raumnutzung beeinflussen wird. Inzwischen laufen Forschungen, inwieweit das Management des Rotwilds besser mit den Intentionen des Nationalparks in Einklang gebracht werden kann. Ziel ist es, den Abschuss von Rothirschen mit steigender Zahl an Wölfen Schritt für Schritt zu reduzieren, wie dies bereits bei Rehen umgesetzt wird.

Das Geweih männlicher Rothirsche wird jedes Frühjahr abgeworfen und wächst innerhalb einiger Monate nach, wobei es mit zunehmendem Alter größer wird. Während der Wachstumsphase ist das Geweih mit einer Basthaut überzogen, die später durch Reiben an der Vegetation entfernt wird. Früher lebten Rothirsche meist in offenen Bereichen, wegen der Zersiedlung der Landschaft ziehen sie sich jedoch oft in ruhige Waldgebiete zurück. Sie ernähren sie unter anderem von Trieben junger Bäume. Ein hoher Wildbestand kann daher negativen Einfluss auf die Verjüngung des Waldes haben.

Wo der Schnee vegetationsfreie Blockmeere bedeckt, bilden sich spannende Strukturen. ◁
Nebelfetzen jagen über die Wälder hinweg, für einen kurzen Moment werden Sonnenstrahlen im Eisnebel sichtbar. Über zehn Jahre liegt die Aufnahme zurück, heute erinnern nur einige kahle Stämme an diesen Fichtenbestand. ▷

IM EISIGEN GRIFF

Erstarrte Landschaften

»Nei Monat' Winter, drei Monat' koid – des is da Woid!« (Neun Monate Winter, drei Monate kalt – das ist der Wald!), sagt man im Bayerischen Wald. Auch wenn die Aussage durch den globalen Anstieg der Durchschnittstemperatur ein wenig entkräftet wurde, so ist der Bayerische Wald für deutsche Verhältnisse immer noch ein Schneeloch. »Bayerisch Sibirien« wird die Region am Dreiländereck auch genannt. Mit dem ersten Schneefall ist im September zu rechnen, und selbst wenn der Frühling bereits die Hänge der Berge hinaufzieht, kann es im Mai nochmals einen Wintereinbruch geben. Besonders in den Hochlagen türmt sich auch heute noch der Schnee, und es ist nicht ungewöhnlich, wenn im März am Rachelgipfel über drei Meter Schnee liegen.

Der Winter im Bayerischen Wald hat sich in den vergangenen hundert Jahren verändert – zum Teil wegen des Klimawandels, aber auch durch die Errungenschaften der Technik in den Bergdörfern, die heute das Leben im Winter deutlich einfacher machen. Aber wenn man mit Schneeschuhen, Langlauf- oder Tourenski zu entlegenen Zielen im Waldgebirge aufsteigt, dann erlebt man die kalte Jahreszeit auch heute noch von ihrer archaischen Seite. Spätestens wenn die Schneemassen so hoch liegen, dass Schilder und Wegweiser darin versunken sind, und gleichzeitig dichter Nebel und Raureif die Landschaft in diffuses Weiß tauchen, wird die Orientierung schwierig. Kehrt man aus dieser unberührten Zauberwelt dann in die Zivilisation zurück, freut man sich über ein Kaminfeuer und eine Tasse heißen Tee. Wenn die Waldkämme über Tage hinweg den Reif aus dichten Wolken zupfen, wird es den ganzen Tag hindurch nicht richtig hell. Der Schnee scheint dann eher grau zu sein, es gibt keine Schatten. Wie mit Tusche gezeichnet erscheinen die kahlen Bäume, die mit dürren Ästen in das gedämpfte Hellgrau des Himmels greifen.

IM EISIGEN REICH DER ARBERMANDLN

Der Winter dringt bis dicht vor die Türen der Häuser vor. Da viele Dörfer in einer Höhenlage um 1000 Meter liegen, nimmt man auch dort den Winter intensiver wahr als in den Talorten am Alpenrand. Der Westwind bringt die Niederschläge, über Nacht kann ein halber Meter Neuschnee fallen, und der Ostwind, hier im Bayerischen Wald »der Böhmische Wind« genannt, stürmt mit trockener Kälte über den Böhmerwaldkamm. Vor einigen Jahren hatte man das Gefühl, dass es den Böhmischen Wind nicht mehr geben würde, zu sehr domi-

Bei Föhn kann der Blick vom Bayerwald zu den Alpen phänomenal sein. Aber eine derart fantastische Sicht zum 150 Kilometer entfernten Watzmann kommt an wenigen Tagen im Jahr vor und ist nur mit einer langen Telebrennweite so festzuhalten.

nierten Westwindlagen, die zwar Schnee, aber auch immer wieder Tauwetter brachten. Doch in den vergangenen Jahren gab es durchaus Kältephasen bei östlicher Strömung, die zu arktisch anmutenden Temperaturen führten. 2012 wurden nicht weit von der Grenze auf tschechischer Seite −39,4 °C gemessen, und auch im Bayerischen Wald sank die Temperatur auf unter −30 °C. Man kann sich noch gut vorstellen, dass bis in die Mitte des 20. Jahrhunderts hinein Dörfer in dieser Region während des Winters tagelang von der Außenwelt abgeschnitten waren.

WINTERLICHE WEITSICHT

Auch für die Tierwelt sind die Bedingungen extrem. Es gibt regelrechte Wanderbewegungen von den Hochlagen in die schneeärmeren Hangwälder. Die Bayerwaldgipfel dagegen erstarren zu einer surrealen Welt aus Eis und Schnee. Teilweise sind sie über Tage hinweg in Wolken gehüllt. Während dieser Zeit wächst der Raureif entgegen der Windrichtung zu einem immer mächtigeren eisigen Panzer heran. Teilweise mehrere Dezimeter dick ist das weiße Kleid, das die Bäume bedeckt. Der Winter macht keinen Unterschied, ob er Borkenkäfer-Totholz oder erst ein paar Jahre alten Fichtenaufwuchs mit eisigem Griff verzaubert. Für das menschliche Auge entsteht so ein gefrorenes Märchenreich. Die Bäume verwandeln sich zu Fantasiegestalten, die Hommage von Schauspielerin Elfie Pertramer an die eisigen »Arbermandln« (1985) am höchsten Gipfel des Bayerwaldes ist unvergessen. Wobei die Schneemassen für manche Arten auch lebenswichtig sind. Die Bodenvegetation wird durch die isolierende Wirkung des Schnees vor eisigen Winden und Gefrierbrand geschützt. Und das Schmelzwasser im Frühjahr sorgt für einen bis weit in die erste Jahreshälfte reichenden zusätzlichen Wasserreichtum.

Besonders eindrucksvoll lässt sich der Winter im Bayerischen Wald erleben, wenn nach frischem Neuschnee eine Föhnlage vom Alpenrand bis zu den Hängen an der ostbayerischen Grenze heranreicht. Die Landschaft erscheint dann wie ein wahr gewordenes Wintermärchen, Richtung Osten die schneebedeckten Waldwogen des Bayerischen und Böhmerwaldes, und nach Südwesten schließt bei Föhn gestochen scharf die Alpenkette den weiten Horizont ab. Als würde man über ganz Bayern hinwegblicken.

Und wenn sich während einer Inversionslage noch ein schier endloses Nebelmeer zwischen Bayerwald und Alpen gebildet hat, werden nicht nur Fotografenträume wahr. Die Täler versinken dann im gefrierenden Nebel, während man auf den Gipfeln bei Plusgraden und blauem Himmel wunderschöne Tage verbringen kann. Das hat sich herumgesprochen, sodass inzwischen auch Wintersportler aus Oberbayern zum Langlaufen in den Bayerischen Wald kommen. Natur und Tourismus harmonieren, wenn sich der Mensch an die Regeln wie das Wegegebot hält, denn die winterliche Ruhe ist für die Natur extrem wichtig. Für Wildtiere ist jeder Meter im tiefen Schnee kräftezehrend. Werden sie an ihren Ruheplätzen von querfeldein laufenden Wintersportlern aufgeschreckt, verbrauchen sie bei der Flucht lebensnotwendige Energiereserven, und das Risiko steigt, dass sie die verbleibenden Wochen des Winters nicht überleben. Generell bekommt man in den winterlichen Wäldern – abgesehen von den Fütterungen – selten Tiere zu Gesicht. Nur die vielen Spuren im Schnee erinnern daran, dass man doch nicht allein draußen unterwegs ist.

SCHNEETOUR AUF DEN LUSEN

Für eine Winterwanderung ist der Lusen ein lohnendes Ziel. Dafür sind aber auf jeden Fall Grödel (Spikes für die Schuhe) oder Schneeschuhe empfehlenswert, denn im Winter wird spätestens das Balancieren über die Granitblöcke am Gipfel ohne passende Ausrüstung zum Eiertanz. Die Wanderung startet am oberen Rand des Dorfes Waldhäuser und führt zunächst gemächlich ansteigend zur Waldhausreibe. Danach wird ein fast reiner Buchenbestand durchquert, die kahlen Laubwälder wirken jetzt viel heller als im Sommer. Unter dem Schnee liegen hier auch die Überreste von Fichten versteckt, die einst zwischen den Buchen wuchsen, aber nach dem Borkenkäferbefall haben sich die Laub-

bäume durchgesetzt. Der Weg wird nun steiler, und nach einer Rampe gelangen wir in einen Bereich mit abgestorbenen Altfichten und vielen Nachkömmlingen, die der Winter in einen dicken, weißen Schneepelz gepackt hat. Der Blick ins Herz des Böhmerwaldes auf tschechischer Seite öffnet sich jetzt zum ersten Mal. Doch wir wollen nicht stehenbleiben, noch sind es einige Höhenmeter bis zur ersehnten Ankunft am Gipfelkreuz. Nach einer engen Kurve geht es am Lusenschutzhaus im weiten Bogen Richtung Blockmeer am Gipfel. Je nach Windrichtung liegen die Steine unter einer meterdicken Schneewechte verborgen oder trotzen auf der dem Wind zugewandten Seite nackt Wind und Wetter. Auch die Wetterfichten, die sich bisher oben am Gipfel allen Angriffen der Borkenkäfer erwehrt haben, werden vom Winter verzaubert. Selbst das Gipfelkreuz ist von einer dicken Schicht aus Eis und Reif umhüllt.

Tag und Nacht peitscht der Wind über die Kuppe des Lusens. Der Blick reicht hier in alle Himmelsrichtungen, weit über das Nationalparkland hinaus. Wenn der Böhmische Wind aus dem Osten eiskalte Luft heranträgt, erfährt man auf der eigenen Haut den grimmigen Griff des Winters. Die Temperaturen laden nicht unbedingt zum Verweilen ein. Trotzdem löst das Spüren der Kälte und Kräfte der Natur eine tiefe innere Dankbarkeit aus. Denn wer die Natur verstehen will, muss sie erleben.

Sie kommen. Raureif und Schnee sind begabte Bildhauer. Mehrere Dezimeter dick kann der Reifpanzer sein, der die Bäume auf den Bayerwaldgipfeln zu gekrümmten Fantasiegestalten formt.

Das Waldschmidthaus liegt im Winterschlaf. Sein Erdgeschoss verschwindet fast in den von Wind und Wetter angewehten Schneemassen.

Abenddämmerung in Bayerisch Sibirien. Tief verschneit sind die Kammlagen, und der Blick reicht über ein gewaltiges Nebelmeer hinweg bis zu den Alpen. ▽▽

Winternebel ist besonders geheimnisvoll und taucht die Landschaft in gleißendes Weiß. Wohl dem, der nicht von ihm verschlungen wird, denn dann wird die Orientierung extrem schwer. △
Licht- und Schattenspiel. Die vom Borkenkäfer befallenen Waldteile erinnern manchmal an morbide Theaterbühnen. Zwischen den Schatten steht eine einzelne Fichte im natürlichen Rampenlicht. ▷

Beim Anstieg zum Rachel gibt es unweit vom Waldschmidthaus einen kurzen Stichweg zu einer Aussichtsmöglichkeit. Sie ermöglicht den Blick hinab ins Tal um den Rachelsee, aber auch zum entfernten Gipfel des Lusens.

Die Felstürme des Dreisesselberges bieten einen würdigen südöstlichen Abschluss des Bayerischen Waldes, nicht weit vom Dreiländereck entfernt. Der Blick reicht in dieser Richtung bis zu den Alpen, entgegengesetzt sind die Nationalparkberge die Hauptdarsteller am Horizont.

»HINTERM BERG WOHNEN
AA NO LEIT.«

Sprichwort aus dem Bayerischen Wald

Der Winter kennt keine Grenzen, er hat auch den
tschechischen Šumava-Nationalpark fest im Griff.
Die Nacht hat Neuschnee gebracht und die Landschaft
in ein Wintermärchen verwandelt.

Totentanz im Wolkenwald. Der morbide Charme der Käferbäume trägt besonders bei Nebel zum mystischen Charakter des Bayerischen Waldes bei.

DIE ZEIT DER RAUNÄCHTE UND SAGEN

Rauhwuggerl und der Dammer mim Hammer

Urlauber erleben den Bayerischen Wald heutzutage oft als Winterparadies, und sie erreichen selbst entlegene Winkel auf breiten Straßen, die stets vom Räumdienst vorbildlich schneefrei gehalten werden. Aber bis weit ins vorige Jahrhundert hinein sah das für die einheimische Bevölkerung häufig anders aus. Die Winter waren hart. Das elektrische Licht kam oft erst nach dem Zweiten Weltkrieg in die abgeschiedenen Weiler. Besonders die Dörfer und Höfe in Höhenlagen von 1000 Meter und mehr waren bei heftigen Schneefällen tage- bis wochenlang von der Außenwelt abgeschnitten.

Noch in der zweiten Hälfte des 20. Jahrhunderts wurde das Dorf Leopoldsreut aufgegeben, weil seine Lage – einerseits wegen des extremen Klimas, andererseits wegen der scheinbar aussichtslosen wirtschaftlichen Situation am Rand des Eisernen Vorhangs – keine Zukunftsperspektive bot. Bis das Dorf 1963 von den letzten Bewohnern aufgegeben wurde, gab es keinen elektrischen Strom, keine moderne Wasserversorgung und mangelhafte Infrastruktur. Heute erinnern nur noch die Kirche und das ehemalige Schulhaus an den Ort, dessen Schule auf 1100 Metern bis 1955 die höchstgelegene in ganz Deutschland war.

Dass ganze Dörfer aufgegeben wurden, blieb zwar die Ausnahme, dennoch war der Winter an vielen Orten eine Zeit der Entbehrungen. Wenn draußen der Böhmische Wind um die hölzernen Schindeln pfiff und sich der Schnee meterhoch vor den Fenstern türmte, versammelten sich die Bewohner in der guten Stube um den Kachelofen und erzählten sich alte Geschichten. Auf diese Weise wurden in den Walddörfern mehr Sagen und Traditionen bewahrt als in den Orten, die verkehrsgünstiger lagen und daher vom Wandel der Zeit stärker betroffen waren.

So wird das Brauchtum rund um die sogenannten Raunächte hier auch heute noch gepflegt. Die Raunächte sind zwölf heilige Nächte zwischen den Jahren. Spukgestalten wie das Rauhwuggerl, die Hobagoaß, die Drud oder der Dammer mim Hammer gehen dann um. Meist stecken junge Leute hinter den Pelzen, Fellen und Holzmasken. Das Wort »Rau« bezieht sich nicht aufs Klima, sondern wird vom alten Ausdruck »Rauch« für »Pelz« abgeleitet. Mit Feuer, Schellengeläut und Peitschenknall sollen der Schrecken und die bösen Gespenster des Winters rund um die Wintersonnenwende vertrieben werden. Denn die Raunächte sind, so heißt es, die Zeit, in der das Geistervolk der »Wilden Jagd« übers Land zieht. Die menschlichen Raunachtsumzüge halten mit großem Lärm dagegen.

Aber auch im stillen Familienkreis sind die Rau- oder Losnächte, wie sie auch genannt werden, von Bedeutung. Haus und Stall werden mit geweihten Kräutern geräuchert. Manch eine Zauberformel wurde in dieser Zeit beschworen. Die Grenze zwischen den Welten der Geister, der Toten und der Menschen soll während dieser Nächte verschwinden, es ist die Zeit der Orakel und Weissagungen. Und in der Silvesternacht sagen um Mitternacht sogar Stalltiere in menschlicher Sprache die Ereignisse des kommenden Jahres vorher!

MÜHLHIASLS DÜSTERE WARNUNGEN
Generell ist der Glaube an Prophezeiungen bei Teilen der Bevölkerung auch heute noch tief verankert. Der bekannteste Seher und Prophet des Bayerischen Waldes ist der Mühlhiasl, der im 18. Jahrhundert gelebt haben soll und sich als Hirte, Köhler und Waldarbeiter verdingte. Er teilte seine Prophezeiungen mündlich mit und sprach von drei gro-

Den verschneiten Baumgeistern des Bayerischen Waldes setzt Elfie Pertramer 1985 mit dem Kurzfilm »Arbermandl« ein filmisches Denkmal. ◁
Versteinerte Diebe? Zur Entstehung des Blockmeers am Lusen existieren verschiedene Sagen. ▷

ßen kriegerischen Auseinandersetzungen in der Zukunft. Die letzte soll die Zeit des »Bänkeabräumens« sein, die beiden davor werden von seinen Anhängern mit den beiden Weltkriegen identifiziert. Zu seinen berühmtesten Weissagungen über die Vorzeichen der Kriege gehört die Aussage, dass der große Krieg anfängt, »wenn der eiserne Hund durch den Vorderwald bellt«, was man auf den Bau der Eisenbahn im Vorderen Bayerischen Wald beziehen kann.

Auch Aussagen über das Schicksal der Natur in der Region werden mit seiner Sehergabe in Verbindung gebracht. Die Prophezeiung »Wenn man Sommer und Winter nicht mehr unterscheiden kann« könnte den Klimawandel vorwegnehmen, Waldsterben und Borkenkäfer soll er mit »der Wald wird so licht werden wie des Bettelmanns Rock« vorhergesehen haben. Die Anhänger des Mühlhiasl glauben auch heute noch fest an seine visionäre Kraft. Kritiker gehen dagegen davon aus, dass die Aussagen erst dadurch Gewicht erhalten, indem sie nachträglich mit historischen Ereignissen in Verbindung gebracht werden.

ES SPUKT AM RACHELSEE

Neben Mühlhiasl und Raunächten gibt es im Bayerischen Wald aber auch noch viele ortsgebundene Sagen und Geistergeschichten, mit deren Hilfe sich die Menschen einst ungewöhnliche Naturschauplätze erklärten. Dazu zählen im Nationalparkgebiet der Rachelsee und der Lusengipfel.

Der Rachelsee galt, wie viele abgelegene Gewässer, schon immer als Geisterort. Priester und Mönche sollen verwunschene Seelen im dunklen Wasser dieses Waldauges gebannt haben. Doch der See selbst und sein Umfeld gehören zur Einflusssphäre der Geister. Wer versucht, die Tiefe des Gewässers auszuloten, der hört, wie das Wasser murmelt: »Ergründest du mich, verschling ich dich!«

Die bekannteste Spukgestalt des Sees ist die Rachelhexe. Dabei soll es sich um die Gräfin Wöcklin vom nahen Schloss Ramelsberg handeln, die grausam und hartherzig ihr Gut regierte. Auch nach ihrem Tod kehrte keine Stille im Schloss ein, der ruhelose Geist der herzlosen Gräfin wurde immer wieder in den Stallungen von Ramelsberg gesehen, so heißt es. Ein Einsiedler verbannte die Gräfin dann in den Rachelsee. Dort wandert sie noch heute nachts ziellos über den Seespiegel, die schweren eisernen Schuhe, die sie tragen muss, ziehen sie dabei in die Tiefe, und jammernd wartet sie auf Erlösung. Wer wagemutig die Nacht am See verbringt, wird wohl ihre Bekanntschaft machen. Schon manch einer soll dieses Abenteuer mit seinem Verstand bezahlt haben.

DER TEUFEL UND VIELE DIEBE

Ein anderer Geisterort ist der Lusengipfel. Der Sage nach wollte der Teufel mit all den Felsbrocken eine neue Kirche im Tal zerstören. Als er aber gerade durch die Luft fuhr, begannen die Glocken zu läuten, der Teufel war gebannt und musste die Steine fallen lassen. So soll der Lusengipfel entstanden sein. In einer anderen Version der Sage liegt unter den Blöcken aber auch ein goldener Schatz des Teufels verborgen. Einer dritten Sage nach sind sogar die Felsbrocken selbst verzaubert. Als noch ein wichtiger Handelssteig am Lusen bei den Blauen Säulen über die

bayerisch-böhmische Grenze führte, soll dort oben eine Selbstversorgungsstation für die Händler, hier im Wald »Säumer« genannt, gestanden haben. Angeboten wurde dort Brot, für das man bezahlte, indem man das Geld in eine Blechdose legte. Aber da die Station nicht bewacht war, gab es auch unehrliche Gestalten, die das Gebäck einfach so mitnahmen. Diesen drohte ein grausames Schicksal: Sie wurden zur Strafe in Stein verwandelt. Nach den unzähligen Steinbrocken auf dem Lusen zu urteilen, war Unehrlichkeit früher weit verbreitet.

Das Wort »blau« steht häufig mit alten Gerichtsstätten in Verbindung. Die Blauen Säulen am Grenzübergang zwischen dem heutigen Tschechien und Deutschland waren wohl eine Säule in Bayern und eine in Böhmen, darüber ein Querbalken, gleich einem Galgen. Schon im 16. Jahrhundert werden sie erwähnt, sind aber wohl noch viel älter. Warum an dieser entlegenen Stelle in der Waldwildnis, an der es abgesehen vom Grenzübergang des Handelsweges nichts gab, ein Hochgericht errichtet wurde, ist bis heute unbekannt.

Neben diesen bekannten Sagen gibt es noch viele andere lokale Erzählungen. Um fast jeden sonderbaren Fels und alten Baum ranken sich im Bayerischen Wald Geschichten, die das Mittelgebirge zu einer der mystischsten Regionen Deutschlands machen.

> »NEI MONAT' WINTER,
> DREI MONAT' KOID –
> DES IS DA WOID.«
>
> Sprichwort aus dem Bayerischen Wald

Die winterliche Rachelkapelle wacht über den Rachelsee. In das Gewässer wurden verschiedene Geister gebannt. Ob der Geist der bösen Schlossherrin Wöcklin im Winter unter der Eisfläche spuken muss?

Himmelsleiter und Gipfelkreuz treffen auf Teufelswerk und Zauberei. Der Lusen ist sicher der am meisten von Sagen umwobene Berg im Bayerischen Wald. ▽▽

Der Hauptkamm des bayerisch-böhmischen Waldgebirges setzt sich nach Nordwesten bis zum Osser fort. Am höheren der beiden Gipfel soll einst eine Burg gestanden haben, und eine bekannte Sage berichtet von den Osserriesen. Wegen des eigentümlichen Doppelgipfels wird der Osser im Tschechischen auch als Brust der Muttergottes bezeichnet.

Die Felstürme auf dem Dreisesselberg – hier der »Nashornfelsen« – dürfen in keiner Aufzählung von sagenhaften Orten im Bayerischen Wald fehlen. Auf dem eigentlichen Dreisesselfels sollen sich die Könige von Bayern, Böhmen und Österreich getroffen haben, um ihre Ländergrenzen festzulegen. Tatsächlich ist das Dreiländereck auch heute noch nur wenige Kilometer entfernt.

DIE ZEIT DER RAUNÄCHTE UND SAGEN

> »ARBER-BERG, ZAUBERBERG.
> WELTENBERG.
> VIEL WINDE KOMMEN DA ZAMM,
> VIEL WINDE KAMPLN DE BAM.«
>
> Aus den »Arbermandln« von Elfie Pertramer

Die Kapelle am Großen Arber trägt ein geheimnisvolles Winterkleid. Den König des Bayerischen Waldes teilen sich zwei unheimliche Gestalten: Das Gipfelplateau ist das Reich der verschlagenen Arberhexe, die Hänge dagegen bilden den Machtbereich des Arbergeists.

HISTORIE UND KLIMA

Mittelalterliche Burgen findet man hauptsächlich im Umland des Waldgebirges. Wie Burg Kašperk (Karlsberg), die dem Schutz der böhmischen Goldminen von Bergreichenstein (Kašperské Hory) diente. ◁
Vom Großen Osser bis zum Nationalpark bildet der Hauptkamm immer wieder die Staatsgrenze. Am Ossergipfel ist der Grenzverlauf besonders spektakulär. ▷

EIN WALD MIT VIELEN NAMEN

Kurze Geschichte einer Grenzregion

Der ursprüngliche Nationalpark Bayerischer Wald liegt zwischen Rachel und Lusen. Mit der Erweiterung kam auch das Falkensteingebiet hinzu. Das gesamte Mittelgebirge Bayerischer Wald ist aber bei Weitem größer. Möchte man mit Einheimischen in Ostbayern eine angeregte Diskussion anfangen, so fragt man in einem der Gasthöfe am Stammtisch, wo genau die Grenzen des Bayerischen Waldes verlaufen. Denn dazu gibt es sehr unterschiedliche Ansichten. Eines steht heute aber fest: Der Nationalpark muss schon allein wegen des Namens innerhalb des Bayerischen Waldes liegen. Wobei man zeitlich gar nicht so lang zurückgehen muss, um festzustellen, dass der Bayerische Wald früher viele unterschiedliche Bezeichnungen und auch Grenzen besaß.

Aber ganz von Anfang an: Was geben die Überlieferungen der antiken Geografen zu dieser Region her? Tatsächlich fängt die Verwirrung schon mit Landkarten an, die auf griechische und römische Quellen zurückgehen. Der gesamte zentraleuropäische Mittelgebirgsraum vom Rhein bis zu den Karpaten wurde ursprünglich übergreifend als Herkynischer Wald bezeichnet. Mit länger anhaltender Präsenz Roms nördlich der Alpen tauchten dann auch Namen für kleinere Landschaftseinheiten auf. So gibt es auch für den Bereich von Bayer- und Böhmerwald Bezeichnungen, die als Gebietsnamen infrage kommen. Mittelalterliche Karten, die auf den Aufzeichnungen des griechischen Geografen Ptolemäus beruhen, weisen in Germanien nördlich der Donau die Waldgebiete Gabreta und Goreta auf: Der als Goreta bezeichnete Wald zwischen Naab und Donau ist wohl mit dem Bayerischen Wald gleichzusetzen, dagegen kann Gabreta deutlich weiter nördlich, in der Nähe des Erzgebirges verortet werden.

VON KELTEN BIS BAJUWAREN

Die Mittelgebirgsregion im bayerisch-böhmischen Grenzgebiet ist aus archäologischer Sicht arm an Fundstücken. Bevor die Römer den bayerischen Raum bis zur Donau besetzten, gab es entlang von Naab und (unterem) Regen keltische Siedlungen, und auch im Böhmischen Becken war keltisches Kulturland. Funde zeigen, dass zwischen diesen Siedlungen Handel stattfand. Möglicherweise gab es neben den von Natur aus niedrigen Übergängen wie der Cham-Further Senke auch damals bereits Handelssteige durch das Waldgebirge. Für die Hallstattzeit (ab ca. 800 v. Chr.) sowie die anschließende Latènezeit (ab ca. 450 v. Chr.) liefert der Bayerische Wald kaum archäologische Funde.

Noch vor Ankunft der Römer scheinen die Kelten diesseits und jenseits der heutigen Grenze einen Niedergang erlebt zu haben. Der Stamm der keltischen Boier gab zwar Böhmen seinen Namen (Boihaemum = Heim der Boier), wurde aber von Germanenstämmen, insbesondere den Markomannen, verdrängt. Diese hatten im Jahr 10 v. Chr. gegen den römischen Heerführer Drusus in Germanien eine Niederlage einstecken müssen und wichen daraufhin ins Böhmische Becken aus. Im Jahr 6 n. Chr zogen die Römer gegen die Markomannen, ein Teil der Truppen rückte über die Böhmerwaldpässe vor. Auch danach bekämpften sich im weiteren Umfeld des Bayerischen Waldes Römer und Germanen; während der Markomannenkriege wird das Kastell Regensburg Kumpfmühl 172 zerstört.

Um 400 setzte ein zunehmender Verlust der römischen Kontrolle und Organisation in den Provinzen nördlich der Alpen ein. Die Völkerwanderung begann. Die Hunnen drangen weit nach Westen vor, Goten und germanische Stämme wichen auf römisches Territorium aus. Mit der Absetzung des letzten weströmischen Kaisers im Jahr 476 begann eine neue Zeitrechnung.

Nach dem Zusammenbruch der römischen Verwaltung verschmolzen im heutigen Bayern vermutlich germanische, romanisierte und keltische Volksgruppen zum Stamm der Bajuwaren. Bereits im Jahr 555 lässt sich ein bayerisches Stammesherzogtum nachweisen. Im heutigen bayerisch-böhmischen Grenzgebiet wurden die Flüsse zu Lebensadern. Von Westen drangen bajuwarische Siedler vor, von Osten her

gab es slawische Ortsgründungen in Tälern nördlich des Bayerischen Waldes. Der hochgelegene Mittelgebirgsraum selbst blieb aber scheinbar weitgehend unbesiedelt. 853 wird die Region in einer Urkunde von Ludwig dem Deutschen als »Nordwald« bezeichnet.

DIE POLITIK TEILT DEN WALD

Ausgehend von Klöstern, wie dem vom Heiligen Gunther gegründeten Rinchnach (1019), begann schließlich auch die Kolonisation und Rodung in den höher gelegenen Urwäldern. Für diese Zeit ist erstmals ein Handelsweg von Passau nach Prachatitz über den Böhmerwaldkamm urkundlich belegt – der spätere »Goldene Steig«. 1226 wird der Name »Böhmerwald« zum ersten Mal in einer Urkunde erwähnt. Er bezeichnete nicht nur den böhmischen Teil des Waldgebirges, sondern war die geografische Bezeichnung für die ganze Mittelgebirgsregion, vom heutigen Mühlviertel bis fast hinauf zum Egerland. Die Bewohner nannten das Gebiet über Jahrhunderte aber einfach nur »Woid«, also Wald.

Aber im Lauf der Zeit veränderte sich dieser scheinbar unendliche Wald. Politische Grenzen führten zu neuen Gebietsbezeichnungen. Der größte Teil des Böhmerwalds war ursprünglich von deutschsprachigen

Der Tummelplatz ist eine ehemalige Waldweide, auf der eine Forstdiensthütte an den einstigen Haupterwerb vieler Waidler erinnert: die Forstwirtschaft. ◁
Bayerischer Wald und Glasherstellung gehören seit jeher eng zusammen. Das Kunstwerk der »Glasarche« in einer hölzernen Hand erinnert daran. ▷

Siedlern kolonisiert worden, nur im Chodenland rund um Taus wurde seit jeher ein tschechischer Dialekt gesprochen. Die Choden wurden dort als Grenzwächter angesiedelt, wobei die Grenzziehung lange Zeit nicht eindeutig festgelegt war.

PROBLEMATISCHE GRENZLAGE UND EISERNER VORHANG
Noch bis ins 17. Jahrhundert waren einige Teile der Grenze am Böhmerwaldhauptkamm eher ein fließender Übergang im Wald. Erst danach erfolgten genaue Aufzeichnungen und Markierungen des Grenzverlaufs. Da aber auch viele Dörfer im Hinteren Bayerischen Wald erst wenige Jahrhunderte alt sind, überrascht die späte Festlegung der Grenze nicht. Die Dörfer wurden als Holzhauersiedlungen an Handelswegen oder später auch rund um Glashütten gegründet. Auf böhmischer Seite wurde zum Beispiel Wallern (Volary) im 14. Jahrhundert am »Prachatitzer Zweig des Goldenen Steiges« mit Siedlern aus dem Hochstift Passau gegründet, das nicht allzuweit entfernte Dorf Bischofsreut in Bayern, ebenfalls am alten »Prachatitzer Steig« gelegen, dagegen erst 1705.

Auch wenn die Grenzen lange Zeit ungenau waren, wurde der große »Wald« durch die Politik im Lauf der Jahrhunderte immer wieder geteilt. In den wilden Grenzbereichen blühten Schmuggel und Wilderei. Zunächst zwischen Bayern und Böhmen, später auch zwischen Bayern und der Oberen Pfalz. Dann zwischen dem Deutschen Kaiserreich und Österreich-Ungarn. Zwischen dem Deutschen Reich und der Tschechoslowakei. Zwischen der Bundesrepublik Deutschland und der ČSSR und schließlich heute zwischen der Bundesrepublik Deutschland und Tschechien im vereinten Europa.

Neben positiven Nebeneffekten wie dem Aufschwung durch Handel brachte die Grenzlage aber auch viel Leid für die Bevölkerung auf beiden Seiten der Grenze. So etwa während der Hussitenkriege zu Beginn des 15. Jahrhunderts oder im Dreißigjährigen Krieg. Ruinen und Schanzanlagen an den Handelswegen erinnern noch heute daran. Vermutlich fanden aber auch Deserteure und Flüchtlinge in den dichten Wäldern des Grenzkamms Zuflucht, auch von Räuberbanden erzählen die Volksüberlieferung und alte Gerichtsdokumente. Das Reisen auf den Handelswegen wurde in den kriegerischen Zeiten immer gefährlicher, und der grenzüberschreitende Warenaustausch nahm ab. Bis zum Ersten Weltkrieg wurde das Leben »im Wald« dann wieder beschaulicher, wobei soziale und politische Umwälzungen auch hier nicht spurlos blieben.

Aber das 20. Jahrhundert sollte einschneidende Veränderungen bringen. Mit dem Untergang der deutschen und österreich-ungarischen Monarchien nach dem Ersten Weltkrieg entstand in Böhmen 1918 die Tschechoslowakei. Im Vorfeld des Zweiten Weltkriegs musste sie 1938 mit dem Münchner Abkommen das Sudetenland, darunter auch den deutschsprachigen Teil des Böhmerwalds, an das Deutsche Reich abtreten. 1939 wurde auch der restliche Teil der Tschechoslowakei von der Wehrmacht besetzt und Widerstand grausam unterdrückt.

Nach der deutschen Niederlage und dem Ende des Zweiten Weltkriegs wurde die Tschechoslowakische Republik wiederhergestellt. In

EIN WALD MIT VIELEN NAMEN 169

Klausen sind technische Denkmäler aus der Zeit, als die Urwälder des Hinteren Bayerischen Waldes erschlossen wurden. ◁
Uralte Pfade durchqueren den Wald. Seit wann werden sie von Menschen begangen? Der Grenzkamm hütet seine Geheimnisse gut. ▷

dieser Zeit begann auch die Vertreibung der deutschsprachigen Bevölkerung aus dem tschechischen Teil des Böhmerwaldes. Viele Vertriebene blieben zunächst im grenznahen bayerischen Raum, durch den Verlust der Heimat traumatisiert und in der Hoffnung, bald wieder zurückkehren zu können. Diese Hoffnungen erfüllten sich nicht. 1948 übernahm die kommunistische Partei nach einem Umsturz in der Tschechoslowakei das Regime und führte das Land in den von der Sowjetunion dominierten Ostblock. Der Eiserne Vorhang wurde errichtet, und in einem mehrere Kilometer breiten Korridor entlang der Grenze wurden die alten Böhmerwalddörfer zerstört. Der gemeinsame Natur- und Kulturraum war nun für mehrere Jahrzehnte geteilt.

Seit 1989, mit dem Fall des Eisernen Vorhangs, nähern sich die deutschsprachigen und tschechischen Regionen wieder aneinander an, so gibt es zum Beispiel auf kultureller und umweltpolitischer Ebene viele gemeinsame Initiativen. Dort, wo die Böhmerwalddörfer nach dem Krieg geschleift worden waren, breitete sich im Schatten des Eisernen Vorhangs die Natur aus.

EIN WALD, VERWIRREND VIELE GRENZEN

Der »Wald« ist im Lauf der Jahrhunderte also in verschiedenen Teilgebieten aufgegangen: Im Bayerischen Wald. Im Böhmerwald im österreichischen Mühlviertel. In der Šumava (»die Rauschende« als tschechischer Name für den Böhmerwald). Im Oberpfälzer Wald nördlich der Cham-Further Senke und im Český les (Böhmischen Wald) als das tschechische Pendant des Oberpfälzer Waldes. In älteren Karten bezieht sich der Name »Bayerischer Wald« nur auf die Bergketten entlang der Donau – den »Vorderen Wald«. Das heutige Nationalparkgebiet im »Hinteren Wald« war damals ein Teil des Böhmerwaldes. Im Lauf des 20. Jahrhunderts verschob sich auch durch die politischen Geschehnisse die Bezeichnung »Bayerischer Wald« bis an die Grenze.

So wird der »Bayerischer Wald« heute häufig mit folgenden Gebietsgrenzen beschrieben: Beginnend am Dreiländereck Deutschland, Tschechien, Österreich, entlang der deutsch-tschechischen Grenze bis zum Fluss Chamb in der Cham-Further Senke. Dem Chamb folgend bis zur Mündung in den Regen bei Cham. Dann bildet der Regen die Grenze bis zur Mündung in die Donau bei Regensburg. Die Donau schließt das Gebiet bis zur deutsch-österreichischen Grenze bei Jochenstein nach Süden ab. Danach folgt die Umrandung der deutsch-österreichischen Grenze weiter nach Norden bis zum Ausgangspunkt am Dreiländereck.

Große Teile des Waldgebirges stehen heute unter Schutz. Der Nationalpark Bayerischer Wald bildet mit mehr als 24 000 Hektar das Herzstück der Natur auf der bayerischen Seite. Auf tschechischer Seite schließt sich der Nationalpark Šumava mit 68 000 Hektar an. Umgeben sind die Nationalparks vom Naturpark Bayerischer Wald, Naturpark Oberer Bayerischer Wald, dem Landschaftsschutzgebiet Šumava und dem Oberösterreichischen Böhmerwald im Mühlviertel.

Der Rachelsee ist der einzige eiszeitliche Karsee innerhalb des Nationalparks, sein Spiegel liegt knapp 400 Meter unter dem Berggipfel. ◁
Auch die Blockmeere – hier besonders markant am Lusen – sind Zeugen der erosiven Kräfte der Vergangenheit. Insbesondere die letzte Eiszeit formte die heutige Landschaft im Bayerischen Wald. ▷

BLOCKMEERE UND KARSEEN
Geologische Betrachtungen

Von all diesen vom Menschen gezogenen Grenzen hält die Natur freilich wenig. Deswegen ist es wichtig, stets auch den Blick über regionale und staatliche Grenzen, aber auch über den Rand des Nationalparks hinweg zu wagen, um die gesamte Naturlandschaft zu erfassen.

Geologisch gesehen ist der Bayerische Wald Teil der sogenannten Böhmischen Masse. Sie bildet zusammen mit dem Schwarzwald und den Vogesen den als Moldanubikum bezeichneten zentralen Bereich des mitteleuropäischen Variszischen Gebirges. Die Böhmische Masse ist der übrig gebliebene Rumpf dieses im Lauf der Jahrmillionen erodierten Faltengebirges aus dem Erdaltertum. Während der Auffaltung des Variszischen Gebirges vor etwa 320 Millionen Jahren drang Magma in die Gneise der Böhmischen Masse ein und erstarrte in der Tiefe zu sogenanntem Intrusivgestein. Das einstige Hochgebirge erodierte im Lauf der Jahrmillionen immer weiter, sodass heute diese Intrusivgesteine als Granitvorkommen oberflächlich aufgeschlossen sind. So bestehen im Nationalpark die Felsen am Lusengipfel oder auch einige Gesteinsformationen im Finsterauer Raum aus Granit. Auch die bekannten Felstürme am Dreisessel sind aus Granit aufgebaut. Das dominierende Gestein im Nationalpark ist aber der Gneis. Seine schroffen Felsen finden wir zum Beispiel am Falkenstein oder am Großen Rachel.

VORDERER UND HINTERER WALD

Der Bayerische Wald wird in einen Vorderen und Hinteren Bayerischen Wald gegliedert. Dieses Buch behandelt vor allem die Natur des hinteren Teils, in dem auch der Nationalpark liegt. Die Trennlinie zwischen Vorderem und Hinterem Wald bildet eine geologische Besonderheit: Der 150 Kilometer lange sogenannte Pfahl, der im Volksmund auch als Teufelsmauer bezeichnet wird. Er reicht vom Oberpfälzer Naabtal bis ins oberösterreichische Mühlviertel. Dabei handelt es sich um eine circa 200 Millionen Jahre alte Verwerfung, die durch das Eindringen von in heißem Tiefenwasser gelöster Kieselsäure mit Quarz aufgefüllt wurde. Da sich der Quarz der Verwitterung stärker widersetzt als das umliegende Gestein, ragt die Quarzrippe teilweise bis zu 30 Meter über das Umland auf. Während der Vordere Bayerische Wald südlich des Pfahls das Gebiet der Waldberge an der Donau zwischen Regensburg und Passau einschließt, erstreckt sich der Hintere Bayerische Wald nördlich davon, entlang der Grenze von der Cham-Further Senke bis zum Dreiländereck am Dreisesselberg.

Mittelgebirgsgipfel bilden die markantesten Landmarken im Bayerwald. Der Große Arber, auch König des Bayerischen Waldes genannt, liegt außerhalb des Nationalparks und ist mit 1456 Metern am höchsten. Nördlich davon fällt noch der Osser mit seinen beiden Spitzen auf (1293 Meter). Die charakteristischen Berge des Nationalparks sind Großer Falkenstein (1315 Meter), Großer Rachel (1453 Meter) und Lusen (1373 Meter). Den südöstlichen Abschluss, außerhalb des Nationalparks, bildet der Dreisesselberg am Dreiländereck (1333 Meter).

Die heutige Landschaft des Bayerischen Waldes wurde maßgeblich von den Eiszeiten mitgestaltet. Im Quartär (Beginn vor 2,6 Millionen Jahren bis heute) kühlte sich die globale Temperatur deutlich ab. Die Hochlagen des Bayerischen Waldes waren zeitweise vergletschert, und in den übrigen Bereichen herrschte Tundrenklima. Besonders die letzte Kaltzeit, die sogenannte Weichsel-Würm-Kaltzeit (Beginn vor 115 000 Jahren, Ende vor 11 700 Jahren) hinterließ ihre Spuren. Zum Höhepunkt der Weichsel-Würm-Eiszeit waren die Gebiete oberhalb von 1060 Metern dauerhaft von Schnee bedeckt, und an den Hängen der höheren Bayerwaldgipfel bildeten sich Gletscher. In den Karen dieser Gletscher bildeten sich nach der Eiszeit Karseen. Auf bayerischer und böhmischer Seite gibt es insgesamt acht eiszeitliche Karseen, von denen aber nur

der Rachelsee im Nationalparkgebiet liegt. Früher existierten noch einige weitere, die aber nach dem Ende der letzten Kaltzeit mehr und mehr verlandeten und heute von Mooren bedeckt werden.

Als weitere glaziale Spuren finden sich Moränenwälle, Findlinge und weitere Karformen in der Landschaft. Auch die Blockmeere und Granitbastionen wurden durch die Eiszeit geprägt. Vor den Eiszeiten unterlagen diese Gesteinspakete unterirdischer chemischer Tiefenverwitterung, die bereits die heute sichtbaren rundlichen »Wollsackformen« bei Granitfelsen anlegte. Während der Eiszeiten wurden diese Gesteinsstrukturen durch intensive physische Erosion, wie zum Beispiel Frostsprengung, zunehmend wie Skulpturen aus dem Untergrund herausgearbeitet.

ZEIT UND WASSER MODELLIEREN DIE BERGE

Weite Teile des Bayerischen Waldes außerhalb des ewigen Schnees waren von Permafrostböden bedeckt, die während der Sommermonate leicht auftauten, aber nur an der Oberfläche. An Berghängen entstand dadurch sogenanntes Bodenfließen (Solifluktion): Der gefrorene Boden in der Tiefe erlaubte keine Versickerung, sodass der Oberboden eine hohe Wassersättigung aufwies. Dann genügte schon eine leichte Hangneigung, und die oberste Schicht verlagerte sich mit Bewegungen von fünf bis zehn Zentimetern im Jahr talwärts. Dabei wurden auch große Gesteinsbrocken mit zum Tal getragen, die wir heute als Blockströme in den Bachtälern finden.

Fünf der acht eiszeitlichen Karseen liegen im tschechischen Nationalpark Šumava. Der Plöckensteiner See, nicht weit vom Dreiländereck, ist besonders bekannt und sagenumwoben. ◁
Wildnis entstehen lassen – wie hier im Tal des Höllbachs, an den steilen Hängen vom Großen Falkenstein. ▷

In Jahrtausenden veränderten sich so auch die exponierten Hangbereiche. Die obersten Schichten rutschten hinunter oder wurden durch weitere physische Erosionsformen verwittert, sodass nach und nach Felsbastionen freigelegt wurden. Diese hatten durch die vor der Eiszeit erfolgte unterirdische chemische Verwitterung bereits rundliche Formen. Einmal vom umliegenden Bodenmaterial befreit, stürzten die rundlichen Felsbrocken oft übereinander und bildeten die heutigen Blockmeere (Lusen, Steinfleckberg). Wo dagegen die von der Tiefenverwitterung angelegten Klüfte und Spalten horizontal verliefen, blieben die herausmodellierten Felstürme teilweise aufrecht stehen (Großalmeyerschloss, Dreisessel).

Nach der letzten Kaltzeit formten fließende Gewässer das Relief des Bayerischen Waldes. Entlang des Hauptkamms verläuft die Europäische Hauptwasserscheide. Die überwiegende Zahl der Rinnsale und Bäche sammelt sich auf Bayerischer Seite in den Flüssen Ilz und Regen und erreicht somit über die Donau schließlich das Schwarze Meer. Nur einige grenznahe Bereiche werden über die Moldau und Elbe in Richtung Nordsee und Atlantik entwässert. (Da die Moldau sich erst nach Südosten wendet, ist es immer eine kleine Herausforderung, sich den weiteren Weg des Wassers über Prag, Dresden und Hamburg vorzustellen. Bayerns Weg zum Meer, die Donau, scheint da – zumindest auf der bayerischen Seite – viel naheliegender.) Die Quelle der Warmen Moldau befindet sich übrigens nicht weit vom Nationalparkgipfel Siebensteinkopf entfernt, aber bereits auf tschechischer Seite. Zwischen der Quelle der zur Nordsee strebenden Moldau und dem Quellgebiet des über die Donau zum Schwarzen Meer entwässernden Reschbachs auf bayerischer Seite liegt nur ein 500 Meter breiter Bergsattel.

Die Schönheit der Landschaft in Bayer- und Böhmerwald ist also das Ergebnis verschiedenster Prozesse, die in Jahrmillionen und Jahrtausenden abgelaufen sind. Auch wie wir das Mittelgebirge heute erleben, ist nur eine Momentaufnahme in der Erdgeschichte. Im Vergleich zu den geologischen Prozessen hat sich das Klima im Bayerischen Wald dagegen innerhalb nur weniger Jahrzehnte verändert.

Ein nächtliches Gewitter zieht in das Nationalpark-
vorland bei Kreuzberg. ◁
In den höchstgelegenen Orten des Bayerischen Waldes
kann über Nacht schon mal ein halber Meter
Neuschnee fallen. ▷
Lichtschauspiel im winterlichen Fichtenwald. ▽▽

KLIMA IM WANDEL
Extreme Wetterbedingungen

Mit »langer Winter, kurzer Sommer« lässt sich das Klima im Bayerischen Wald am einfachsten beschreiben. Für den Hinteren Bayerischen Wald am Hauptkamm mag das durchaus noch manchmal zutreffen. Für die tieferen, in Donaunähe gelegenen Landschaftsteile stimmte die Redewendung aber noch nie.

Wo sich Flüsse auf ihrem Weg zur Donau tief ins Gelände gegraben haben, gibt es seit jeher begünstigte Räume, in denen die Obstbäume um Wochen früher blühen als weiter oben. Denn wenn man die Donau als Südgrenze betrachtet, reichen die Höhenlagen des Bayerischen Waldes von 280 Meter bei Jochenstein an der Donau bis 1456 Meter am Gipfel des Großen Arbers. In den steilen Donauleiten ist es so mild, dass hier sogar die sonst vor allem im Balkan beheimatete Smaragdeidechse und die Äskulapnatter vorkommen. Richtung Regensburg wird an den Donauhängen des Vorderen Waldes sogar der Baierwein angebaut – wobei diese Gegend vom Nationalpark auch schon eine halbe Tagesreise entfernt liegt.

EISIGE WINDE

Das Mittelgebirge Bayerischer Wald liegt im Übergangsbereich zwischen atlantischem und kontinentalem Klima. Daher können gerade die Winter sehr unterschiedlich ausfallen – je nachdem, welcher Klimatyp aktuell gerade dominiert. Sind das westliche Winde, dann bringen sie hohe Niederschläge an der (bayerischen) Westseite des Hauptkamms. Die böhmischen Gebiete liegen dann im Regenschatten, mit entsprechend deutlich geringeren Regen- und Schneemengen. Wenn sich über Mittel- und Osteuropa dagegen stabile Hochdruckgebiete bilden und für kontinentales Klima sorgen, dominieren Winde aus östlicher Richtung. Als »Böhmischer Wind« sind diese eisigen, trockenen Fallwinde besonders im Winter gefürchtet. Sie entstehen, wenn arktische Luft aus Nordosteuropa bodennah Kaltluft aus dem Böhmischen Becken nach Westen über das Waldgebirge drückt. Diese kalte Luft »fließt« dann über den Kamm. Besonders anfällig dafür sind die tiefer gelegenen Einschnitte entlang der Kammlinie. Und häufig ist die Europäische Wasserscheide auch eine Wetterscheide mit Wolkenstau im Osten und Sonnenschein im Westen – oder andersrum.

Die Jahresdurchschnittstemperatur in den Hochlagen ist mit Werten um 3,5 bis 5 °C sehr gering. Die jährlichen Niederschlagsmengen betragen 1200 bis 1400 mm und sind damit deutlich unter jenen des ähnlich

hoch, aber deutlich weiter westlich gelegenen Schwarzwalds (1800 mm). Die Taleinschnitte und das böhmische Vorland östlich des Hauptkamms bekommen nochmals deutlich weniger Niederschläge ab.

Der Bayerische Wald ist als Winterparadies bekannt. Bei klarem Himmel können sich durch nächtliche Ausstrahlung in den Hochtälern richtige Kaltluftseen bilden, die Temperatur sinkt dann manchmal bis fast –40 °C ab. Für den deutschen Teil des Waldgebirges wäre zum Beispiel der Talbereich von Haidmühle mit dem Quellgebiet der »Kalten Moldau« ein typischer Kältepol.

Trotz des Klimawandels gilt der höhere Bayerische Wald auch heute noch als schneesicher (wenn man den Beginn des Jahres 2020 ausklammert, als nur oberhalb von 900 Metern für längere Zeit eine geschlossene Schneedecke lag). So gibt es immer noch Jahre, in denen in den höheren Dörfern (auf etwa 1000 Meter) mehr als 1,50 Meter Schnee liegt. In den Gipfellagen von Rachel und Lusen zeigt sich sogar teilweise an 180 Tagen im Jahr eine geschlossene Schneedecke, und sie kann dort bis Ende März dann auch auf mächtige zwei bis drei Meter anwachsen.

SCHWARZES WASSER UND GOLDENER OKTOBER

Während der Schneeschmelze rauschen dann große Wassermengen zu Tal. Fällt sie mit starken Regenfällen zusammen, besteht Hochwassergefahr entlang der Flüsse, welche die Bergbäche aufnehmen. Ist das Frühjahr dagegen sehr trocken, kann sich die Schmelze in den Hochlagen über Wochen hinziehen. Die im Bayerischen- und Böhmerwald entspringenden Flüsse sind für ihr durch Huminstoffe dunkel gefärbtes Wasser bekannt. Dazu zählen der Schwarze Regen, die »schwarze Perle« Ilz, die in der Dreiflüssestadt Passau in die Donau mündet, oder auch die böhmischen Flüsse mit bräunlichem Wasser wie Moldau oder Weitra.

Der Frühling zieht erst spät ins Land, selbst im Mai kann es jederzeit einen erneuten Wintereinbruch geben. So gab es im Jahr 2020 noch am 12. Mai die letzte geschlossene Schneedecke. In den Hochlagen oberhalb 1150 Metern starben großräumig die Triebe und frischen Blätter der Buchen ab, und bei Besuchern des Nationalparks machte sich Sorge um ein neues Waldsterben breit. Prinzipiell sind derartige Frostschäden aber nicht ungewöhnlich, nur das Ausmaß war 2020 besonders heftig. Aber Laubbäume können sich auf so etwas vorbereiten: Bei ausreichend Reserven treiben sie von Juni bis Anfang Juli ein zweites Mal aus. Aus den bereits für das Folgejahr angelegten Knospen sprießt dann das zweite Blätterkleid im alten Jahr. Dieses erneute Ausschlagen der Bäume wird wegen der zeitlichen Nähe zum Johannistag am 24. Juni auch als »Johannistriebe« bezeichnet.

Mit dem Übergang vom Frühling zum Sommer bilden sich über dem Hauptkamm häufig Wärmegewitter, die lokal zu extremen Niederschlägen führen können. Auch im Sommer wird es in den Hochlagen nicht richtig heiß, meist sorgt ein steter leichter Wind für Abkühlung, und in klaren Sommernächten muss man hier und in den Hochmooren zumindest bodennah mit Minustemperaturen rechnen. In den Gipfelregionen können die Nächte dagegen mitunter sehr mild verlaufen. Der Sommer ist kurz, aber intensiv.

Für den Herbst sind stabile Inversionswetterlagen bei Lufthochdruck charakteristisch. Das Böhmische Becken liegt dann teilweise tagelang unter einer geschlossenen Hochnebeldecke, aber auch das bayerische Donautal ist anfällig für Nebelbildung. In den Hochlagen scheint dagegen häufig die Sonne über dem Nebelmeer, was zu gran-

Einzelgehöfte und kleine Dörfer liegen wie Inseln im weiten Wäldermeer. Die historische Kulturlandschaft ist vielerorts noch erhalten. Feldraine und alte Bäume gliedern das Umfeld des Hauses. Aber das historische Erbe ist durch falsch interpretierte Fortschrittlichkeit bedroht.

diosen Sichtverhältnissen bis zu den Alpen führt. Bei herbstlichem Tiefdruck verstecken sich dann aber auch die Hochlagen häufig in Regenwolken. Oft kommt es Ende Oktober nochmal zu einer Schönwetterperiode, dann überschlagen sich die Zeitungen mit Berichten vom »Indian Summer« oder »Goldenen Oktober«. Eine Garantie gibt es dafür natürlich nicht, manchmal ist alles anders, und bereits Ende September setzen die ersten Schneefälle ein. Bis Mitte Dezember bildet sich oft schon eine ansehnliche weiße Decke, die aber häufig vom Weihnachtstauwetter wieder aufgezehrt wird. Anfang Januar umfasst dann der eisige Griff des Winters den Bayerischen Wald.

KLIMAVERÄNDERUNGEN UND IHRE FOLGEN

Der globale Klimawandel macht vor dem Bayerischen Wald natürlich nicht halt. Das Klima ist seit jeher einem gewissen Wandel unterworfen, aber in den vergangenen Jahrzehnten intensivierten sich die Veränderungen. Die jährlichen Durchschnittstemperaturen in Ostbayern sind bereits um 1 °C gestiegen, im Vergleich zu den Aufzeichnungen von Mitte des 20. Jahrhunderts. Das bedeutet aber nicht, dass es gleichmäßig wärmer geworden ist. Tendenziell ja, aber dennoch gibt es nach wie vor immer wieder sehr kalte und/oder schneereiche Winter und auch kühlfeuchte Sommer. Was ebenfalls beobachtet werden kann, ist eine größere Intensität von Extremereignissen wie Gewitterstürmen, die in den letzten Jahren große Waldflächen zwischen Passau und Dreiländereck zerstört haben. Auch in manchen Jahren ungewöhnlich lange Trockenphasen und zu wenig Schnee im Winter, der dann wiederum im Frühjahr in der Wasserbilanz fehlt, werden mit dem Klimawandel in Verbindung gebracht. Der Klimakreislauf im Bayerischen Wald scheint ein wenig ins Stottern gekommen zu sein, auch wenn erst in langfristigen Analysen von Zeiträumen ab 30 Jahren wirklich eindeutige Entwicklungen festgestellt werden können.

Gerade die Trockenheit beeinträchtigt die Vegetation, und daraus ergeben sich wiederum Rückkopplungen: Die Ausbreitung des Borkenkäfers wird durch trockene Monate im Frühjahr und Sommer begünstigt. Durch den Massenbefall gingen gigantische Flächen von Bergfichtenwäldern innerhalb weniger Jahre verloren. Es bleibt spannend zu beobachten, wie sich die heranwachsende neue Waldgeneration zusammensetzen wird (wobei Fichten vor dem Absterben oft noch einmal reichlich Samen ausbilden, daher ist im Aufwuchs häufig wiederum die Fichte dominant). Problematisch ist die Situation für solche Arten, die auf Lebensräume in den Gipfellagen angewiesen sind. Dazu gehört zum Beispiel der vom Aussterben bedrohte Ungarische Enzian, der auf hochgelegenen Staudenfluren vorkommt, oder der Dreizehenspecht, der auf die vom Borkenkäfer bedrohten Bergfichtenwälder angewiesen ist. Eine spannende Frage ist auch, wie sich die Wald bevorzugenden Tier- und Pflanzenarten der Hochlagen in den Jahrzehnten nach dem Käferbefall halten können.

Wenn die Durchschnittstemperatur wärmer wird und sich die Jahreszeiten verändern, gibt es für Tiere, die kühle Temperaturen mögen, normalerweise zwei Auswege, um ihren Lebensraum zu verlagern: Zum einen durch eine Wanderbewegung in nördlicher Richtung, zum anderen durch die Besiedlung höherer Lagen. Die nördliche Ausweichmöglichkeit gibt es wohl nur für mobile Tiere wie Vögel oder manche flugfähigen Insekten, denn unter den Mittelgebirgen bieten nur das weit entfernte Brockenplateau im Harz, kleine Teile des Erzgebirges und der Hochschwarzwald ähnliche Lebensbedingungen. Der Oberpfälzer Wald ragt nur bis 1000 Meter auf und ist daher kein Fluchtkorridor für die in den Hochlagen bedrohten Arten. Gerade für spezialisierte Pflanzen könnte der rezente Klimawandel zu schnell erfolgen. Wenn die Lebensräume schon heute gleichsam wie Inseln auf die Gipfelregionen beschränkt sind, dann gibt es nach oben hin keine Ausweichmöglichkeit bei zunehmender Erwärmung, und ganze Ökosysteme drohen zu verschwinden.

Mit dem Klima verändert sich also auch der Wald im »Woid«. So werden wir Zeugen eines vom Menschen beeinflussten Prozesses, der ungewöhnlich schnell abläuft und unsere Natur gravierend verändern wird.

> »GLEICHSAM EINE
> NATÜRLICHE PFORTE ZWISCHEN
> BAYERN UND BÖHMEN.«
>
> Über die Cham-Further Senke

Die nordwestliche Grenze des Bayerischen Waldes bildet die Cham-Further Senke. Idyllisch mäandert der Fluss Chamb am Talgrund. Gleichzeitig bildete die Senke einen der niedrigsten Übergänge zwischen dem Böhmischen Becken und dem heutigen Bayern, sodass die Niederungen seit Jahrtausenden regen Handel, aber auch kriegerische Auseinandersetzungen sehen.

Der Zukunft entgegen. Ohne Unterbrechung plätschert und gluckst das Wasser der Kleinen Ohe über die gerundeten Granitblöcke im Bachbett. So wie das Wasser stets im Fluss ist, so unterliegen die Natur- wie auch die Kulturlandschaft des Bayerischen Waldes steter Veränderung. Selbst der Borkenkäfer erweist sich als Chance für den Nationalpark. Möge sich hier im Herzen Mitteleuropas die Vision einer grenzüberschreitenden Wildnis in Zukunft dauerhaft verwirklichen. ▽▽

RÜCKKEHR DER TIERWELT IN DEN NATIONALPARK

BIBER
Ausgestorben: In Bayern etwa um 1850.
Rückkehr: 2004 in den Nationalpark Bayerischer Wald.

BRAUNBÄR
Ausgestorben: 1833 im Bayerischen Wald, 1856 im Böhmerwald.
Rückkehr: Unwahrscheinlich, da keine Korridore zu anderen Populationen bestehen.

ELCH
Ausgestorben: Im Gebiet des heutigen Deutschland wahrscheinlich bereits im Mittelalter.
Rückkehr: Gelegentlich wandern einzelne Elche aus dem benachbarten Šumava-Nationalpark in den Bayerischen Wald.

HABICHTSKAUZ
Ausgestorben: 1926 im Grenzgebiet von Bayerischem Wald und Böhmerwald.
Rückkehr: Erfolgreiche Wiederansiedlung ab 1975.

LUCHS
Ausgestorben: 1846 im Bayerischen Wald.
Rückkehr: Wiederansiedlung in den 1970er- und 1980er-Jahren.

WILDKATZE
Ausgestorben: Ab 1940 in Bayern.
Rückkehr: Auf Fotofallen wurden immer wieder Tiere gesichtet, die höchstwahrscheinlich Wildkatzen waren. 2015 konnten sie im Nationalparkgebiet eindeutig genetisch nachgewiesen werden.

WOLF
Ausgestorben: 1846 im Bayerischen Wald, der letzte Wolf in Böhmen wurde wahrscheinlich 1874 erschossen.
Rückkehr: Im Jahr 2000 erster Nachwuchs in Deutschland seit der Ausrottung, 2017 erstmals Nachwuchs im Nationalpark.

TIER-FREIGELÄNDE NEUSCHÖNAU

Auf dem Rundweg durch das Tier-Freigelände kann man folgende Arten entdecken:
Biber • Braunbär • Elch •
Greif- und Stelzvögel • Hasel- und Auerhuhn •
Käuze • Kolkrabe • Luchs • Marder •
Rothirsch • Uhu • Wildschwein • Wildkatze •
Wisent • Wolf

DER BORKENKÄFER

Der Große achtzähnige Fichten-Borkenkäfer oder Buchdrucker *(Ips typographus)* hat das Bild des Nationalparks massiv verändert, da er den Wald großflächig zum Absterben gebracht hat. Durch diese natürliche Dynamik sind im Nationalpark Bayerischer Wald jedoch wertvolle Lebensräume für zahlreiche seltene Tier- und Pflanzenarten entstanden, die in Wirtschaftswäldern nicht mehr vorkommen.

REGISTER

Albrechtschachten 42
Almschachten 42
Alpen 140
Arber 20

Bärnstein 110
»Bayerisch Sibirien« 138
Berg Kubany (Boubín) 118
Bischofsreut in Bayern 169
Blaue Säulen 154
Blockmeer 141, 172
Böhmisches Becken 167, 176
Borkenkäferwald 86
Boubínský prales (Kubany-Urwald) 129
Burg Kašperk 166

Český les 170
Cham-Further Senke 166, 170, 172, 182
Chamb 170, 182
Chodenland 169

Dreiländereck 138, 170, 173, 175

Egerland 168

Falkensteingebiet 12, 42, 166
Filzwald 53
Finsterau 12
Finsterauer Filz 52

Gabreta 166
Glasarche 169
Goreta 166
Großalmeyerschloss 24, 102, 175
Große Ohe 20, 53, 55
Großer Arber 67, 75, 173, 176
Großer Falkenstein 15, 24, 119, 173
Großer Filz 53, 55
Großer Rachel 12, 66, 67, 86, 173

Hans-Watzlik-Hain 119, 120
Herkynischer Wald 166
Hinterer Bayerischer Wald 172
Hochficht 110
Hochmoorkomplex 50
Hochschachten 42

Hochstein am Dreisesselberg 75
Höllbachschwelle 120
Höllbachgspreng 24, 118, 120

Jährlingsschachten 42

Kapelle am Großen Arber 162
Karpaten 166
Kastell Regensburg Kumpfmühl 167
Kirchlinger Stand 42
Kleinalmeyerschloss 102, 103
Kleine Ohe 20, 24, 182
Kleiner Rachel 66
Klosterfilz 53, 55, 56
Kohlschachten 40, 42
Kolbersbach nahe Lindberg 60
Kreuzberg 66, 176
Kvilda (Außergefild) 78

Latschenfilz 50, 52
Latschensee 52
Leopoldsreut 152
Lindbergschachten 42
Lusen 20, 87, 102, 107, 140, 173
Lusengipfel 15, 102, 154, 172

Mittelsteighütte 118, 119, 126
Mühlviertel 170, 172

Naabtal 172
Nashornfelsen 161
Nationalpark Šumava, Tschechien 12, 15, 36, 46, 50, 114, 118, 150, 170
Nationalparkstraße 53
Nationalparkzentrum Falkenstein bei Ludwigsthal 15
Nationalparkzentrum Lusen bei Neuschönau 15

Oberpfalz 84
Oberpfälzer Wald 25, 170
Osser 160, 166, 173

Parkplatz am Sagwasser 102
Parkplatz Fredenbrücke bei Waldhäuser 24
Parkplatz Gfäll bei Spiegelau 66

Passau 168, 172, 177, 181
Plöckensteiner See 175
Prachatitz 168

Rachel 20, 42, 66, 87, 166, 177
Racheldiensthütte 15
Rachelkapelle 68, 157
Rachelsee 15, 67, 71, 108, 154, 172
Rachelseewand 118
Rachelwiese 42, 66
Ramelsberg 154
Reschbachklause 33, 78
Rindlschachten 42
Ruckowitzschachten 40, 42, 43

Schachtenhaus 42
Scheuereck 42, 120
Schwarzwald 172, 177
Siebensteinkopf 12, 26, 175
Silberberg bei Bodenmais 106
St. Oswald-Riedlhütte 55
Steinbachfälle 24
Sudetenland 169
Sulzriegel 102

Tännesberg 43
Teufelsmauer 172
Trinkwassertalsperre Frauenau 42, 67
Tschechoslowakei 36, 169, 170
Tummelplatz 42, 102, 169

Variszisches Gebirge 172
Verlorener Schachten 42
Vogesen 172
Vorderer Bayerischer Wald 154, 172

Waldhäuser 24, 140
Waldhausreibe 140
Waldschmidthaus 66, 75, 102, 143
Wallern (Volary) 169
Wasserscheide 176
Watzmann 102, 140

Zwieselter Filz 50, 52, 57

DIE AUTOREN

Kilian Schönberger ist Diplom-Geograf und arbeitet seit 2012 als freier Landschaftsfotograf. 1985 in Tännesberg/Oberpfalz geboren, lebt er heute in Köln und arbeitet vor allem in Mitteleuropa und im Alpenraum. Seine großen Themen sind Wald, Berge und Nebel, und durch akribische Planung der Wetterstimmung und Lichtbedingungen gelingen ihm einzigartige Aufnahmen der Landschaften vor unseren Haustüren. Dabei ist Natur für ihn nicht nur reine Kulisse, sondern immer auch das Spiegelbild geologischer Prozesse und menschlicher Eingriffe in die Umwelt. Der Fotograf ist bekannt für Bildbände wie »Sagenhaftes Deutschland« oder »Deutschland deine Wälder«; daneben veröffentlicht er seine Arbeiten in Magazinen wie GEO oder STERN und bei Ausstellungen wie im Frankfurter Goethe-Haus. Zeitweise lebt Kilian Schönberger in Bischofsreut im Unteren Bayerischen Wald.

Zur Fotografie: Die Bilder wurden mit einer Nikon D850 Spiegelreflex gemacht. Die Fotografien entsprechen der subjektiven Wahrnehmung der Natur vor Ort durch den Fotografen. Die Aufnahme erfolgte im RAW-Format, bis auf Kontrast und Farbanpassungen wurden keine Elemente hinzugefügt oder entfernt.
www.kilianschoenberger.de, @kilianschoenberger auf Instagram

Axel Gomille ist Diplom-Biologe und Fotograf. Er studierte Zoologie in Frankfurt und Florida und arbeitet beim ZDF als Redakteur und Autor mit dem Schwerpunkt Wildtiere und Artenschutz. Seine Tätigkeit als Fotograf und Filmemacher führte ihn in viele der schönsten Naturreservate der Erde. Dabei interessiert ihn besonders, wie ein Nebeneinander von Menschen und Wildtieren im 21. Jahrhundert gelingen kann, denn wilde Tiere sind seine große Leidenschaft. Seine Fotoreportagen sind in internationalen Magazinen erschienen, für seine Fotos und TV-Dokumentationen wurde er mehrfach ausgezeichnet, er hat mehrere Bücher veröffentlicht. Bei Frederking & Thaler ist sein Bildband »Deutschlands Wilde Wölfe« erschienen, der erstmals das heimliche Leben deutscher Wölfe ausschließlich in freier Natur dokumentiert. Seine für ZDF und 3sat entstandene TV-Dokumentation »Wildnis in Deutschland« zeigt unter anderem die Erfolgsgeschichte des Nationalparks Bayerischer Wald.

Zur Fotografie: Für die Aufnahmen wurden Nikon Vollformat-Spiegelreflexkameras und Objektive von Nikon und Sigma verwendet.
Axel Gomille fotografiert besonders gerne wild lebende Tiere. Die Fotos für dieses Buch entstanden sowohl in freier Natur als auch in den Tierfreigehegen des Nationalparks.
Weitere Informationen zu seiner Arbeit: www.axelgomille.com

Dank
Vielen Dank an die Mitarbeiterinnen und Mitarbeiter des Nationalparks Bayerischer Wald für die tatkräftige Unterstützung bei der Entstehung der Tieraufnahmen für dieses Buch sowie für hilfreiche Informationen. Besonderer Dank gilt Professor Dr. Marco Heurich, Susanne Klett und ihrem Team sowie Annette Nigl.

Zwischen Lusen und Dreisessel fließt Nebel aus dem Böhmischen Becken über die niedrigeren Bergkämme. ▽▽

IMPRESSUM

Verantwortlich: Joachim Hellmuth
Redaktion: Dr. Juliane Braun
Satz und Layout: VerlagsService Gaby Herbrecht
Korrektorat: Eva Ebenhoch
Umschlaggestaltung: Sophie Schillo, Verlagshaus GeraNova Bruckmann
Kartografie: Bruckmann Verlag / Heidi Schmalfuss Kartografie München
Repro: Ludwig:media
Herstellung: Bettina Schippel
Printed in Italy by Printer Trento S.r.l.

★★★★★
Sind Sie mit diesem Titel zufrieden? Dann würden wir uns über Ihre Weiterempfehlung freuen.

Erzählen Sie es im Freundeskreis, berichten Sie Ihrem Buchhändler oder bewerten Sie bei Onlinekauf. Und wenn Sie Kritik, Korrekturen, Aktualisierungen haben, freuen wir uns über Ihre Nachricht an Frederking & Thaler Verlag, Postfach 40 02 09, D-80702 München oder per E-Mail an lektorat@verlagshaus.de.

Unser komplettes Buchprogramm finden Sie unter

www.frederking-thaler.de

Alle Angaben dieses Werkes wurden von den Autoren sorgfältig recherchiert und auf den neuesten Stand gebracht sowie vom Verlag geprüft. Für die Richtigkeit der Angaben kann jedoch keine Haftung übernommen werden, weshalb die Nutzung auf eigene Gefahr erfolgt. Insbesondere bei GPS-Daten können Abweichungen nicht ausgeschlossen werden. Sollte dieses Werk Links auf Webseiten Dritter enthalten, so machen wir uns die Inhalte nicht zu eigen und übernehmen für die Inhalte keine Haftung.

In diesem Buch wird aus Gründen der besseren Lesbarkeit das generische Maskulinum verwendet. Weibliche und anderweitige Geschlechteridentitäten werden dabei ausdrücklich mitgemeint, soweit es für die Aussage erforderlich ist.

Empfehlung der Redaktion

Sie sind auf der Suche nach weiterer Literatur? Dann empfehlen wir Ihnen weitere Titel von Kilian Schönberger:

»Sagenhaftes Deutschland – Eine Reise zu mythischen Orten«,
»Deutschland, Deine Wälder – Sagen und Mythen auf der Spur«,
»Sehnsucht Wald – Geheimnisvolle Lebensräume in Deutschland«

sowie von Axel Gomille:
»Deutschlands wilde Wölfe«.

Textnachweis

Alle Texte stammen von Kilian Schönberger außer den Tierporträts auf den Seiten 36-39, 46-49, 60-63, 82-85, 114-117, 132-135 (Axel Gomille) und Seite 8 (Dr. Franz Leibl).

Bildnachweis

Alle Bilder im Innenteil stammen von Kilian Schönberger außer den Tierporträts auf den Seiten 36-39, 46-49, 60-63, 82-85, 114-117, 132-135, 186 oben (2) (Axel Gomille).
Illustration Seite 186 unten (shutterstock/Alekksall)

Umschlagvorderseite: Sonnenaufgang am Lusen. Der Blick reicht über das Tal des Kleinen Schwarzbachs bis weit in den Šumava Nationalpark (Kilian Schönberger).
Umschlagrückseite: Der Habichtskauz ist zurück im Nationalpark (Axel Gomille).

S. 1: Buchenschleimrübling im Hans-Watzlik-Hain.
S. 2/3: Nebelmorgen am Lusen.
S. 4/5: Aus Böhmen schwappt eine gigantische Nebelwelle über den Grenzkamm und hat mit dem Großen Rachel bereits den höchsten Gipfel des Nationalparks verschlungen.
S. 6/7: Lichtstimmung im Wald nahe des Informationszentrums Neuschönau.
S. 18/19: Blick hoch aus dem Böhmischen zum sanft geschwungenen Grenzkamm zwischen Rachel und Lusen.
S. 64/65: Nach einer Gewitternacht spannt sich ein eindrucksvoller Wolkenbogen grenzüberschreitend über die Nationalparks Bayerischer Wald und Šumava. Als hätte der Himmel bei Sonnenaufgang Feuer gefangen.
S. 98/99: Der Herbst ist die Zeit der Nebel. Jeden Morgen zeigt sich ein anderes Lichtschauspiel.
S. 136/137: Der Winter im Bayerischen Wald kann märchenhaft sein. Schnee und Raureif verwandeln die Bäume zu Zauberwesen.
S. 164/165: Diese Aussicht vom Oberpfälzer hin zum Bayerischen Wald macht den Namen »Waldgebirge« verständlich. Der Blick geht über die Täler von Schwarzach und Chamb hinweg, welche jahrtausendealte Verbindungen zwischen dem Böhmischen Becken und dem heutigen Bayern sind.

Die Deutsche Nationalbibliothek verzeichnet diese Publikation in der Deutschen Nationalbibliografie; detaillierte bibliografische Angaben sind im Internet über http://dnb.d-nb.de abrufbar.

© 2021 Frederking & Thaler Verlag in der Bruckmann Verlag GmbH
Infanteriestraße 11a
80797 München

ISBN: 978-3-95416-336-6